凱特王／像我這樣的女人，有時優雅，偶爾帶刺／365日絕世女子時光誌

1-6月

作者序

這本書不能幫你解決人生問題，但可以陪你度過每個短暫的一天

二校的那一週，得到兩則讀者跟我分享的故事，因為很可愛，所以想記錄下來。

A 讀者說，她每個月都固定去做臉，那次做臉時她播放了我的 podcast 節目《凱特謎之音》。到了最後的敷臉階段，美容師通常會出去外頭休息喝口茶，或吃吃零食，跟同事們打打屁，留下客人在美容室休息。結果那次她偷偷發現，美容師沒有出去休息，而是在簾子的另一頭，一邊折著毛巾一邊「一起」聽這個節目。

她把這件事告訴我時說：「我對這種生活裡毫不起眼卻動人的小故事有特殊的愛好。」我說，我也是。心裡同時想著：「能做這個節目實在是太好了。」

B 讀者分享的則是她好朋友的故事。好朋友跟一個男孩正在曖昧期，男孩知道對方很喜歡我的文章，於是買下《生為自己，我很開心》的電子書，把帳密設成與女孩有關的一串數字，當成禮物送給對方。男孩在送給她之前，自己也已經將全書閱讀完畢。就這樣，B 讀者的好朋友跟這個男孩正式交往，用她的原話來說就是：被把走了。

我在手機這頭泛起又傻又暖的姨母笑，原來自己的書也能像電影劇情裡那樣，催化一段愛情的誕生。

2020年初，一場疫情讓全世界發生了巨變，我因此滯留在台北，與某人隔著一道海峽。也是這一年，最好的朋友離開了，年輕的生命，最終敗在病痛的糾纏下。這兩件事給我帶來的衝擊斷斷續續，曾以為自己坦然接受了，卻在某天發現其實我並沒有想像中那麼豁達。我經常感到莫名的無力感，想著人生在世是不是最後依然是一場徒然？

每當陷入迷惘，生活裡就會出現像A、B讀者跟我分享的小故事。劇情那麼可愛，同時印證了自己產出內容的價值性。許多人告訴我，他們把限時動態的#謎之音一張張截圖下來，設成相簿，或設成手機螢幕待機畫面。那些簡短的文字說中了他們的心事，並安慰、激勵了他們。

過去這一年，做什麼事都不踏實。也是在這個時候，責任編輯巧涵對我提出了此書的企劃，她巧妙精細地編織了一張網，把我散落在各處的靈感通通網羅起來，賦予它們一個全新的生命。

寫這本書不是用來解決我的或是你的人生問題，但如果我能藉由書寫治癒自己的每一天，那麼這些文字也就能在未來陪你度過每個短暫的一天。

2021.11.11 凱特王

CONTENTS

作者序｜
這本書不能幫你解決人生問題，
但可以陪你度過每個短暫的一天 002

January｜我之所以成為這樣的女人｜ 008
一月記事與謎之音

February｜兩性文章誤終身｜ 046
二月記事與謎之音

March｜人走茶涼｜ 080
三月記事與謎之音

April｜延遲滿足｜ 118
四月記事與謎之音

May｜小菊｜ 156
五月記事與謎之音

June｜獨立陷阱｜ 196
六月記事與謎之音

January

一月

我之所以成為這樣的女人

女人第一次意識到自己「是個女人」這件事，往往因為性別差異。七歲那年，父親意外過世，因為所生皆是女兒，按照傳統，將來會出嫁，而嫁出去的女兒乃潑出去的水，名字無法刻在碑上立碑。家中長輩商議後，遂令父親的弟弟，我的二叔，名義上過繼一個兒子給我母親，替代長女我成為立碑人。

這件事的始末，沒有人問過我的感受，我的意願。每年掃墓，我看著墓碑上立碑人的名字總覺得荒唐諷刺，因為二叔的二兒子，我的二堂哥，從來沒有來掃過我父親的墓。他成為立碑人，也沒有人問過他的感受，他的意願。

這是我人生中第一次感受到性別的荒謬性，或許也奠定了後來的我一直在女人的身分上做他人眼中出格的事。因為我是女人，所以就天然地被剝奪了某些權利，或只限於某種發展，對我而言，那全都是要打破的限制。

成長的路上，只要是長輩，無不希望妳是個大方可愛懂事的女孩，將來最幸福的事莫過於嫁一位好老公，疼妳，照顧妳。但我雙眼可及之處，少有一位女性長輩的丈夫是她們口中的好老公，然而她們也這樣過了一生，並帶著這樣的一輩子希望後輩繼續過下去。

可笑不？

愛情、婚姻的成功，成為女人生命中濃墨重彩的一章，她們從來不被鼓勵去追求那些需要獨自扛起代價且不一定會成功的關於事業的夢想，因為一切可能都比不上「嫁一位好老公」來的讓人羨慕。

所以秀恩愛有用，秀妳對工作的堅持，別人只覺得辛苦。

這幾年拜社群之賜，我也成了某些人眼中的成功人士，還有些讀者說想成為像我這樣的女人，以我為目標。這些話我相信是誠懇的，但捫心自問，我聽得很心虛。

首先，我就不覺得自己成功，我確實完成了很多自己想做的事情，並一路做著自己想做也喜歡做的事，但每每完成階段性的目標，我就開始覺得不滿足，開始覺得我應該還要挑戰些什麼，去突破目前的狀態。

由於不斷地追求，所以從來不曾覺得自己成功。至於那些挑戰失敗的目標，當著別人的面，我自然也羞於提起，更遑論說「那些失敗的經驗都是成長的養分」這樣矯情的話了。

像我這樣的女人，好強，但也不是非得什麼都跟自己過不去，可以得過且過的時候，我也會適時地放過自己，並稱之為「有彈性」。唯一的優點可能是毅力與耐心，除此之外，我常感於自己的資質平庸，會默默羨慕起強者。

閱讀與寫作是我人生中迄今堅持最久的一件事。如果有人提問「有哪些生活小習慣，只要堅持下去，就可以慢慢改變一個人」，那我的答案肯定是閱讀與寫作。閱讀那些文學作品，不僅讓我的思想不會僵化，更讓我有幸一覽各種聰明人內心的世界。而寫作是一種「輸出」，是提高思考力與表達能力的最佳途徑。如果我想得很多很多，卻無法將之具體化，那些精采的想法終究停留在想像而已，它會隨著時間過去逐漸消失在我的生命裡，但如果我記錄下來了，它便一直存在。

閱讀與寫作因為在短時間內無法看到太直接的收益，往往因此令人忽視。它也被某些人視作有點「裝」的習慣，有過於刻意的嫌疑。這麼說或許不夠客觀，但我從很多讀者闡述問題的文字中發現：無論你是誰，從事什麼工作，清晰的文字表達體現的其實是你清晰的思路，這一點，見字如面，隔著螢幕都能知道這個人的邏輯如何。用文字描述一件事如果都說不明白，讓他說話他也說不明白。一年總要在後台解決上百個讀者問題的我，對這一點體會尤深。

過去，因為感興趣的理由，我特別喜歡鑽研攸關女性的故事。那些在歷史上留下姓名的女性，我一一尋覓探訪，逐個記錄下來。竟發現這些女人的故事沒有一個是重疊的，但殊途同歸，不管生於什麼時代，遭受什麼命運，她們都對生活洋溢著熱情，擁有見解獨到的思考力。

這一點深深影響著我，讓我在面對自己的生活時也希望做到保有熱情，並建立自己的價值體系，貫徹下去。

我之所成為這樣的女人，幸運地在中年受到一些人的肯定，想必是我做對了些什麼吧。回首這段路，我跟所有人都一樣，跌跌撞撞地摸索試探，走過許多冤枉路。我沒有捷徑可以提供，說不出「改變人生，只要做到 X 點」這種暗示你繳智商稅的話。在我的成長路上，盡是不合時宜的勤勉，沒有天才的犒賞。

即便如此，像我這樣的女人啊，還是偶爾會自我感覺良好的。

1

JAN

——元旦

你是活了一生？還是只活了一天然後重複了一生？比起不可測的未來，我更害怕一眼就望到頭、毫無波瀾的人生。

JAN

2

網路是健忘的，卻又是長情的。一個人說過的話、做過的事、給自己貼過的鮮明標籤、強加在身上的人設，都會留下痕跡。有些會反哺，有些則會反弒。

3 JAN

我懂事、聽話、孝順、乖巧、溫柔、脾氣好。
不抽煙、沒刺青、不漂頭髮，也不說髒話。
喜歡宅在家看書追劇，不愛往外跑。
但我知道，我不是好女孩。

JAN

4

比起「了解」，我更喜歡「理解」一詞。

我對理解的解釋是：願意試著走進你的世界，接納你生活的不如意，為你的閃光時刻開心，也不怕接觸你性格中最暗的角落。

愛你的野蠻成長，包括不堪。

5

JAN

女人總要抓住一個可控制的雄性，否則一生憤憤不平。

媽寶男身後那位「為你好」的母親、在APP裡定位男友手機的女友。

每每想到，都要不寒而慄。

JAN

6

——1412年1月6日，在英法百年戰爭中，成為法國傳奇女英雄的聖女貞德出生

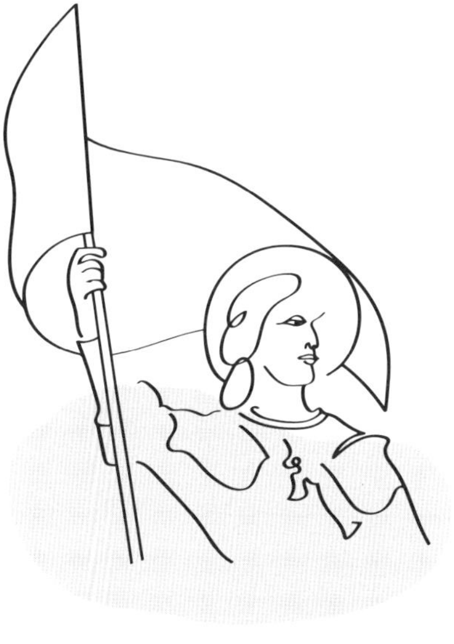

不識字的鄉村女孩貞德成為英法百年戰爭的關鍵性人物，使法國轉敗為勝，卻也成為這場戰爭的最大犧牲者。她去世的那天5月30日被定為聖女貞德的紀念日，被作為自由和正義的象徵，但體現的卻是人類在戰爭中的神性與魔性。

7 JAN

任何一個人，只要變得黏人，就開始不可愛了。

這世界可能只有貓可以。

JAN

8

人很難做到不帶著偏見，既然這樣，不如就別客觀吧。

9

JAN

— 1908年1月9日，
法國女作家西蒙・波娃
（Simone de Beauvoir）
出生

西蒙・波娃為法國存在主義作家，女權運動創始人之一。1949年出版的《第二性》引起世界極大的反響，被稱作女性主義聖經。她認為「女人不是天生的，而是後天被塑造成的」。西蒙・波娃寫了許多作品，而《第二性》無疑是她獲得世界性成功的一部巨著，是有史以來討論女性最健全、最理智、最充滿智慧的一本書。

我推薦每個想探索女性身分的女人看這套書，會更清楚知道這一生該怎麼過才算對得起自己。

JAN

10

都在掩飾，都在試探，都在權衡。都在顧左右而言他，都在醉翁之意不在酒。熱烈的、坦蕩的、可愛的、真誠的、已經難得一見了吧？我們職場如此，社交如此，連愛情都是如此。

11 JAN

—— 司法節

年輕時，不懂裝懂；中年後，懂了也裝糊塗。

並非我們自願活得不明不白，只因人生中總有好多事，一用力，就會拆穿；一拆穿，就會失去。

JAN

12

長大以後我們會失去很多權利，當眾崩潰是其中一項。什麼時候你偷偷躲起來哭了？那也許就是成長的開始。

13

JAN

不要太早為一個人傾盡所有，因為你太年輕了。
但當你明白這一切是怎麼回事兒的時候，也許就又捨不得給了。

JAN

14

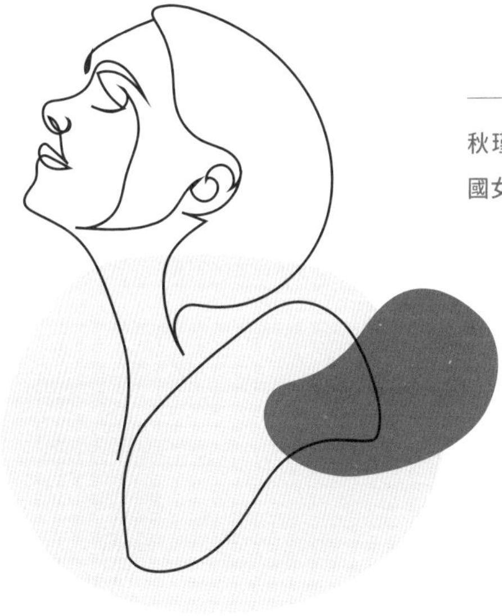

——1907年1月14日，秋瑾在中國上海創辦《中國女報》

《中國女報》以通俗易懂的文字鼓吹婦女解放，呼籲婦女走向社會，是中國最早的女性刊物之一，但只發行了兩期就隨著秋瑾就義犧牲而停刊了，實在可惜。在動盪的時代，女性想要活出自我，真的得靠多數人的熱情呼籲，人一多了，就不覺得孤軍奮戰了。

但其實認真想想，任何時候不都是這樣的嗎？響應的人多了，就有力量了！

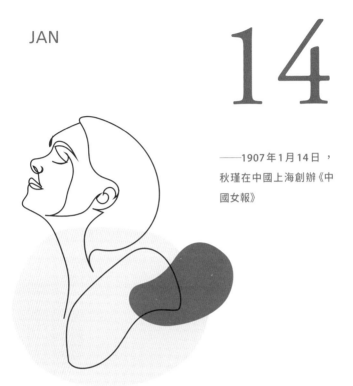

15 JAN

── 1943年1月15日，
日本女演員樹木希林出
生於日本京都

作為導演是枝裕和御用的媽媽女神，樹木希林一生就像劇中的人物形象一樣豁達自由。記者曾請他給年輕人一些人生建議，她說：「請不要問我這麼難的問題。如果我是年輕人，老年人說什麼我是不會聽的。」

她閃婚嫁給搖滾歌手，被家暴後分居，卻始終不想離婚。這不是傳統女人的忍耐，因為她說：「即使下輩子遇見了，肯定還是會愛上他，再次度過狼狽的一生。」

一個女人為何而愛，為何而承受，才是活明白。

JAN

16

——1933年1月16日，美國女作家蘇珊·桑塔格（Susan Sontag）出生於美國紐約

桑塔格的寫作領域廣泛，在文學界以敏銳的洞察力和廣博的知識著稱，被喻為「美國公眾的良心」。著有評論文集《反對闡釋》、小說《在美國》等書。本身為雙性戀者，被許多文藝青年視為理想型作家。

越深入探索桑塔格，越覺得所謂「自由」在她身上被詮釋的淋漓盡致。也許有人覺得她一生所作所為很荒唐，閃婚、生子，而後又拋家棄子去念博士，一生周旋在男男女女之間。但她也許只是不在乎他人眼光，想為自己用力活一次罷了。

17 JAN

沒有任何一樣靜止不動、不發展的事物
是可以長久的，把一切視作理所當然，
就是這一切崩塌的開始。
任何關係都是這樣，越是希望留在最初
或當下，往往越是會失去一切。

JAN

18

希望女人能明白，婚姻法保護的是財產而不是感情和道德。奉此觀念為圭臬的同時，也能相信好的婚姻關係比愛情更能實現「不離不棄，榮辱與共」的境界。這兩者並不違和，倒是十分清醒與浪漫。

19

JAN

—— 消防節

多數年輕女孩從小就被公主童話、言情小說、偶像劇投餵了簡單且與現實脫離的愛情觀。潛移默化之下，讓她們長大容易成為情感的奴隸，樂於為所謂的「付出」貢獻自己，並在一次次的浪漫驅使下，消耗自身的能量，最終喪失理性的思考。

JAN

20

人應該有熱愛，愛一些滾燙燙的夢想，然後與之相互成全。又或者，至少要在這種熱愛中讀懂自己。

希望多年後，我回憶起自己熱愛過的人事物，那些美好的感覺在我的心口仍有餘溫。這些，對一個人來說才是生命裡真正的光。

21 JAN

——國際擁抱日

有時，世間的美好是因為「差異」的存在。在見識事物不同的形態後，能從中品味人與人之間變幻莫測的關係，試著學會調節焦距看人性的細節與輪廓，了解這一切並非只存在一種解釋或單一的模樣。

JAN

22

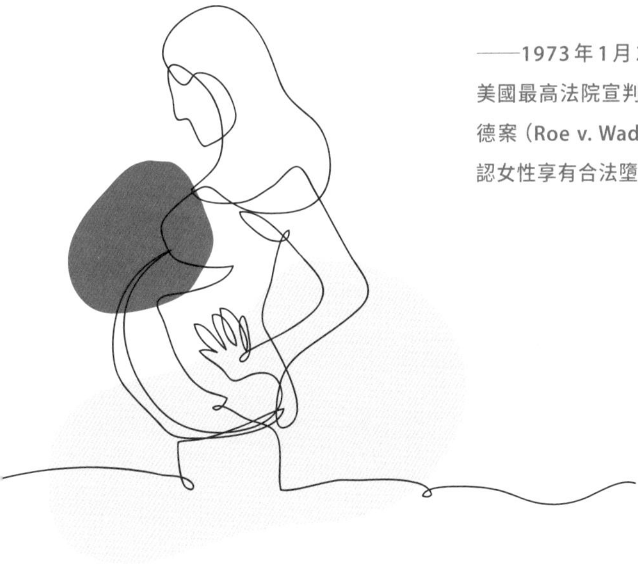

——1973年1月22日，
美國最高法院宣判羅訴韋德案（Roe v. Wade），確認女性享有合法墮胎權

美國最高法院以7比2的懸殊表決確認女性決定是否繼續懷孕的權利，受到憲法上個人自主權和隱私權規定的保護。這是美國歷史上首次承認墮胎合法化的判決。

法律、人權、自由、生命，如何平衡？這個問題將近半世紀了，卻依然困擾我們。社會中任何一個人都無法強迫一位女性去孕育一個她不想與其生活的孩子，這也許才是如今多數女人對自己握有合法墮胎權的態度。

23

JAN

每個人應該都要有和自己相處的時刻，做喜歡的事情，不受打擾，專心投入。這樣的獨處從小到大，從年輕到老，從單身到兩個人，都不應該輕易被任何事取代。

找到和自己相處的方式，與自我對話一輩子。

JAN

24

——1862年1月24日，女作家伊蒂絲·華頓（Edith Wharton）出生於美國紐約

雖出生於紐約上流社會，但年輕時的她害羞而熱愛讀書，並不熱衷上流社會的活動，而是更喜歡用自己的雙眼觀察這個圈子。著有《純真年代》，並曾獲諾貝爾文學獎提名。

年輕時看《純真年代》會更傾向於為社會大眾所不容的情感追求，但隨著年紀漸長，也慢慢體會到為何多數人選擇屈從社會價值的原因。畢竟，逆光飛行不僅需要勇氣，更要有必死的決心，而隨大流永遠最「安全」，也最可靠。

25 JAN

——1882年1月25日，女作家維吉尼亞·吳爾芙（Virginia Woolf）出生於英國倫敦

她是英國女作家、文學批評家和文學理論家，意識流文學代表人物，被譽為二十世紀現代主義與女性主義的先鋒。

1928年10月，吳爾芙在劍橋大學專收女生的學院演講，這些演講內容後來集結成書，成為女性主義經典文學《自己的房間》。書裡的開篇，她以女性與文學的關係發表了自己的看法：「女人想要寫小說，必須要有錢，還有一個屬於自己的房間。」

時至今日，這句話可以改寫為「女人想要＿＿＿＿＿＿，必須要有錢，還有一個屬於自己的房間。」空白處是你的夢想，自己去填寫。

JAN

26

我不特別愛哄人，唯獨哄我自己。
生活就是哄自己，把自己勸明白了，就什麼都解決了。

27 JAN

—— 1893年1月27日，
宋慶齡出生

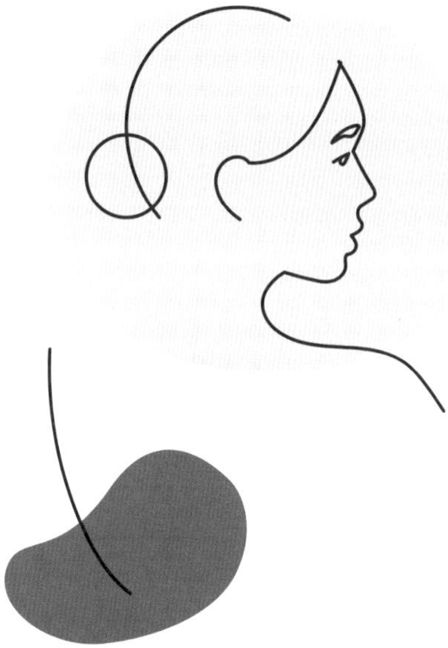

宋慶齡成長於上海一個牧師兼實業家的家庭，在宋家三姊妹中排行老二。雖然與孫中山的婚姻不被家人同意，但她依然在孫中山革命失敗至日本避難時，與這位大她二十七歲的革命領導人結婚，成為他一生的伴侶，並在中華民國成立之初，展現了她在政治上的影響。

孫中山去世後，她逐漸走向與家人不同的政治立場，支持共產黨，一生在中國度過。儘管如此，她依舊是那個時代優秀傑出的女子。

JAN

28

社交的本質是各取所需，懂得這一點會輕鬆很多。有人跟你漸行見遠了，或許不是因為你做錯了什麼，而是他已經不需要你了。

29 JAN

——1954年1月29日，美國電視脫口秀主持人、製作人、投資家、慈善家歐普拉（Oprah Gail Winfrey）出生

歐普拉的身上有好幾種標籤，最主要的應當是「典型美國夢的化身」。她的經歷與身分的複雜性，再加上後來的成功，使得她擁有無法複製的傳奇人生。

歐普拉成長的過程中在貧窮與騷擾中度過。九歲被一名男性長輩性侵，隨後數年一直活在性侵的陰影下，十四歲曾產下一名早夭的孩子。母親因無餘力照顧，逐將她交予親生父親與繼母。在他們的教育下，她漸漸從暴走的青春期回歸正途，完成學業，並找到人生的志趣。從問題少女到脫口秀女王，女人生命裡堅強的韌性被她演繹得淋漓盡致。

「黑人、私生女、胖子、出身南方、庸俗、市井、有生氣」在歐普拉取得成功後成為她極具傳奇色彩的個人特色。二十五年的脫口秀節目，也奠定了她在美國人心中不可動搖的地位，代表某種美國價值的輸出。不管什麼膚色、年齡、種族的女性，都能從歐普拉身上找到自己想要的勇氣，只要你對自己不放棄，那麼人生的路就會有出口。

30 JAN

——1595年1月30日
莎士比亞《羅密歐與茱麗葉》(Romeo and Juliet)首演

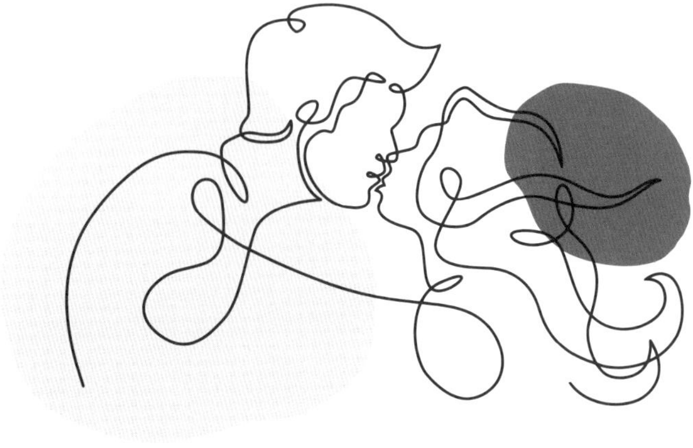

莎士比亞藉由創造出《羅密歐與茱麗葉》這段浪漫的愛情悲劇告訴我們：「相愛是兩個人的事情，但愛情的走向卻經常受到外界因素的影響。」即便如此，這部作品仍舊帶給人們對愛情的自由與嚮往，也順便印證了，偉大的作品往往是把美好的東西撕碎了給你看。

JAN

31

「時間長了，一切就會慢慢好起來的」。這句話的意思其實是——哪怕情況再壞，久了，你也習慣了。

February

二月

兩性文章誤終身

我不是以輸出兩性文章來圈粉的 KOL，但後台很多讀者的發問卻常常讓我有種「我是兩性專家」的錯覺。如果，你翻過我在 IG 的限時動態一個名為「# 感情觀」的精選會更加明白，想在我這裡得到以詆毀男性達到抱團取暖的安慰，是絕對不可能的事。

我不與男性站在對立面，但我也不站隊女性，不隨便使用渣男一詞，甚至覺得這個詞太過簡單粗暴。老是渣男短、渣男長的女人讓我害怕，彷彿天下男人在她口中真的一般黑。

也曾想過寫一篇如何談好戀愛的文章，但實在覺得太矯情也太自以為是，於是作罷。後來想想，真要寫可能也寫不出來，因為在我的邏輯裡，談戀愛是無法下指導棋的，那些告訴女人做什麼可以得到男人的愛的文章都帶了很多算計，如同過去流行在美妝界的「好嫁風」、「斬男色」一樣，一方面批類製造投其所好的女性，一方面又提倡女人要為自己打扮，這一來二去的操作是對所有男女在戀愛情商上的污辱，看起來也很雙標。氾濫之後，難道不也是一種情感 PUA 嗎？

可能我這樣說稍稍言重了點，「希望你也喜歡我」是再正常不過的人性，本就是男女皆有。但兩性文一寫出來，不知道為什麼就有一種「爭高下」的感覺。好多女人根深蒂固地相信先認真的人就輸了，就等於站在下風處，很容易被吃得死死的。

不，站在下風只有幾種遭遇：對方放個屁，你會被臭到；對方在抽煙，你容易吸到二手菸；對方不小心打了個嗝，你會知道他中午吃了什麼東西。

每當有女孩來問「當初他追我時好殷勤啊，結果交往一陣子之後，我發現自己好容易受他的一言一行影響，好沒安全感。凱特，我該怎麼做才能不處於下風呢？」的問題時，都會讓我想嘆氣，原來我們的兩性關係只剩下輸贏。

這是愛情嗎？雖然我具體答不上愛情該是什麼樣子，但絕對不是居於上風的樣子。

我能理解那些想居於上風的女孩的心情，她們無非是想做這段感情的主導者，想情緒控制自如像獨當一面的女性，想在愛情面前多握有一分理性，想像自己可以華麗轉身，留給男人想念一生的背影。可是這跟所謂的高下完全無關，只證明你看太多偶像劇而已。妳的獨立應該表現在當雙方對待愛情的態度不同時，妳願意給出相對應的尊重，而不是想控制對方，甚至以能干涉或改變對方為「他足夠愛我」的標準。

從兩性文章裡認識愛情的女孩也熱衷算命與星座學，且奉為圭臬。只是，命也算了，星座也研究了，就能談好戀愛、識別良人嗎？我覺得玄。在經常收到的情感問題裡，很多人的描述都是這樣開頭的：「我是XX座，他是XX座，我們……」就算破題不標示星座，也會在最後補充：「喔，對了，忘了告訴你，他是XX座的。」

很多女孩心中的不安全感可能是她們對自己的了解並不夠徹底，因為從未好好了解自己，所以當有個男孩站在面前時，也看不見他，只是想要他按照自己的方式來愛，滿足自己幻想的需求。至於他是怎樣的一個人？有沒有自己的思考方式？有沒有獨立的人格？對未來的夢想是什麼？想怎麼一步步實現？哪怕跟自己的不盡相同，都是促使彼此理解對方，是比星座更有意義、比順從更有價值的話題。

想佔上風的女人是怎麼都不會滿足的，那種過於執拗的念想是一種心魔，最終會反弒自己。而論輸贏的都是遊戲或競爭，當人把愛情視為有輸有贏的事情時，所謂的男女關係就是遊戲或競爭，而非愛情了。如果一個男人也用這樣的邏輯談戀愛，在他自認征服了妳之後，就會感到空虛。

某天，我看了一部電影，演員是我喜歡的，但劇情乏善可陳，無聊到現在要我想起片名都想不起來。但看到最後，卻被幾句文藝腔的台詞感動：

「我獨自走在那條路上，低著頭只能看到自己的腳，但是你輕輕鬆鬆地越過我的狡黠與傲慢，牽起我的手。你笑得眉眼都起了褶皺，柔軟的臉蛋離我那樣近，我祈禱著我永遠都不要放開那雙手。」

人之所以跨越很多障礙去愛一個人，只不過是那人悄然無息地擊中你心底最柔軟的地方罷了，那人，有你心中久違的純真。

這是兩性文章抓不到的重點，卻是我永恆的信念。

1

FEB

—— 1884年2月1日，英國牛津大學出版社發行了《牛津英語詞典》的第一版第一冊

從開始到完成，總共花了七十一年的時間。其中二十二年是前置工作，實際編輯為四十九年。經歷了四位主編，招募了約一千三百名義工提供引句。

《編舟記》是記錄編輯字典的一部日本電影，讓我理解到「職人精神」在生活裡的潤物無聲。有些人就是會默默做著一般人覺得無三小路用的事，但後來的結果卻又大大影響這個世界。

字典編輯可能就是這樣的一件事吧。

FEB

2

我們應該用盡一生來追尋自我，透過任何形式、物件、或者他人的評斷來窺探自己的內心，了解每一個階段的自己，樂此不疲。

3 FEB

—— 1978年2月3日，
國際人權律師艾瑪·克
隆尼（Amal Clooney）
出生

世人對於艾瑪的認識，應該跟喬治·克隆尼脫離不了關係。尤其是女人，最吃那套「終結浪子」的說法，也因此對她評價極高。

這確實是一段連偶像劇都不敢寫的故事。艾瑪本人的成就又如此高，長相如此美麗，身段如此優雅，也難怪好萊塢首席黃金單身漢願意從花花公子變成寵妻狂魔。

艾瑪出生於黎巴嫩，來自知識份子之家。兩歲隨父母定居英國，一路學業成績斐然，是個標準學霸（牛津大學畢業，紐約大學碩士）。二十六歲就同時獲得了美國和英國的律師從業資格，被推薦進入海牙國際法庭，參與法律工作。據說她的背景經過八卦雜誌一扒之後，大家都覺得喬治克隆尼有點配不上艾瑪了。

也許艾瑪的存在便是提醒女人：不要被「男人忌憚女人能力強」的說法給唬弄了，優秀女性往往更加受到優質男性的青睞。

4

FEB

—— 2004年2月4日，
美國社交網路服務網站
Facebook正式上線

據說，現在手機裡還有臉書的人都是「老人」了，你覺得呢？對於經歷過臉書最輝煌時期的我來說，留著臉書在手機裡應該是一種「原來我曾經這樣活過」的回憶吧。哪怕其實現在真的很少點開它。

FEB

5

—— 世界和平日

怎麼樣才算喜歡一個人呢？

那天在巷口看到一隻可愛的貓，當我的第一反應是想拍給你看時，就知道大事不妙了。

生活裡的畫面，第一個想要分享給你知道，就是喜歡一個人的表現。

6 FEB

我懷念的，從來不是那個愛而不得的少年，而是當年莽撞笨拙卻也自由奔放的自己。

我想念她，想念那段回不去的、不修邊幅的日子。

FEB

7

曖昧這件事，是人們的刻意為之。
製造浮想聯翩的話語，
熱絡在短暫的情結之中。
給點台詞加點戲，完全不需要演技。

8 FEB

—— 2010年2月8日，
哥斯大黎加選出歷史上
首位女總統

哥斯大黎加執政黨民族解放黨總統候選人蘿拉・欽奇利亞（Laura Chinchilla）以壓倒性優勢擊敗對手，成為哥斯大黎加歷史上第一位女性總統。

這世界往後只會有更多的女性領導人出現，再也不是曇花一現。

FEB

9

每個說不相信愛情的人，
心裡其實都裝著一個不可能的人。

10

FEB

—— 國際氣象節

十有八九的欲言又止，
日後都會慶幸當時沒說出口。
絕大多數的掏心掏肺，
事後往往追悔莫及。

FEB

11

——1975年2月11日，
英國保守黨選出了第一位
女領袖

英國前教育大臣瑪格麗特·柴契爾（Margaret Hilda Thatcher）擊敗了前首相愛德華·希思（Sir Edward Heath）和其他十四名競爭者成為英國保守黨黨魁。

這世界有很多「鐵娘子」，但我心中的位置一直都是給柴契爾夫人的。

12 FEB

——1912年2月12日，
清王朝末代皇帝溥儀退
位，封建君主制結束

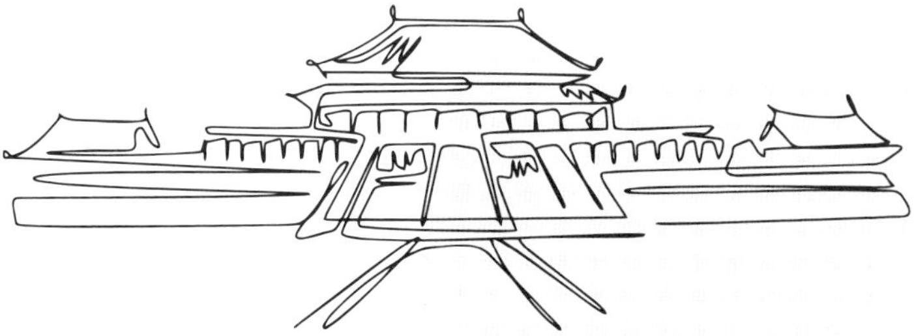

隆裕太后帶著溥儀，在養心殿裡舉行了最後一次朝見禮儀。終於，中國歷史上延續了兩千多年的封建君主專制終結。

後來，溥儀要買票才能進入自己曾經的家。站在時代轉變的節點，最殘酷的莫過於此。

FEB

13

——1952年2年13日，
台灣女作家龍應台出生於
高雄大寮鄉眷村

著有《野火集》、《孩子你慢慢來》、《目送》等書。以專欄文章結集的《野火集》，曾創下一月之內再版二十四次的記錄，風靡全台，是八〇年代對社會產生巨大影響的一本書。

學生時代，龍應台女士的文字曾經讓我對「犀利」兩個字有了新的定義。原來直言不諱的語氣中，是可以飽含善良與真誠的。這也成為日後我對自己的文章中凡出現犀利字眼時的基本要求。

14 FEB

——西洋情人節

人越長大，越難單純地去愛一個人。
不是我們不再相信純粹的東西，
而是發現那些複雜也有它的動人之處。

FEB

15

——2005年2月15日，
YouTube正式註冊使用

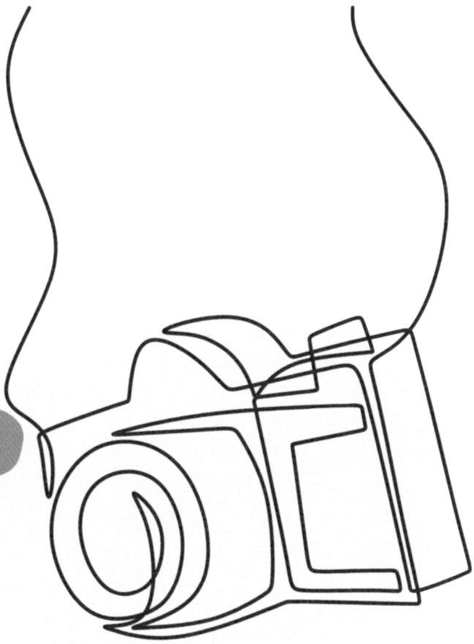

據說，現在年輕人的夢想就是成為一名youtuber，你怎麼看？但可能這個夢想過幾年就又改變了，因為一個新的社群平台又出現了。

16

FEB

其實很多瞬間，我應該也是喜歡你的。
只不過稍縱即逝，
我沒堅持，你沒當真。

FEB

17

——624年2月17日，武則天出生於山西省文水縣

武則天為中國歷史上唯一一位正統的女皇帝，是中國封建時代傑出的女政治家。她的所作所為讓我們知道，離開後宮，女性也可以是政治能手。

關於武則天的影視改編非常多，如果你想看一個女人如何把不可能變成可能，武則天是最好的老師。

18 FEB

—— 1933年2月18日，
美籍日本藝術家小野洋
子出生於日本

小野洋子是一位先鋒藝術家，但她為人所知的身分卻是世界著名搖滾靈魂人物約翰·藍儂（John Lennon）的遺孀。「約翰·藍儂之妻」這個名號甚至大過她身為藝術家的身分，多少埋沒了她本應讓世人驚艷的才華。

FEB

19

有些事藏在心裡是莫大的委屈，
話到嘴邊卻又覺得不值一提。
只好化成一句：「沒關係。」

20

FEB

有些人覺得愛就是性，是婚姻，
是白頭偕老，是夫唱婦隨，
是你永遠不背叛我，我也永遠忠誠於你，
生幾個孩子，有血脈的聯繫。
但我覺得，
愛只是一雙想要碰觸卻又收回的手。

FEB

21

總有幾個人，
無論你們相遇太早，還是相見恨晚，
幾句談話就能讓彼此一見如故。
你會收起八面玲瓏的周到，
開始放飛自我。

22

FEB

我追求氛圍更勝結局，
比起承諾，更在意此時此刻。
浪漫這件事，不追求天長地久。

FEB

23

深深的話要淺淺地說，
長長的路要任性地走。

24 FEB

無論經歷什麼樣的戀愛，
婚後等待你們的一定是平淡的日常。
但戀愛故事從來不描寫這個部分，
所以每個人都誤解了「嫁給愛情」。

FEB

25

假如有人問我有什麼煩惱，
我會不敢說出你的名字。

26

FEB

如果一個女人愛你，
不用你費盡心機騙她，
她自己就會騙自己。
但她也會慢慢懂得如何愛自己，
然後離開你。

FEB

27

任何一種觸及靈魂的深刻感情，
都是從理解對方的痛苦開始的。

28

FEB

——和平紀念日

每一個成熟的女人，一旦談起戀愛了，
就會變得無比天真。

March

三月

人走茶涼

人生警示，往往就在那些傳聞中的人情冷暖中。也許沒有暖，只有冷，彷彿只有冷，才能當做警示。

事情是這樣的，朋友說他的上級主管因為家裡的關係遞出了辭呈，原本的職位之於那位上級主管本是不動如山，穩當的要命。這下可好了，頓時成了人人覬覦的「好缺」，有望接任的人各個磨刀霍霍。終於，最後落在一個之前原本就跟上級主管關係極好的人身上，屬於自己人的圈層，並不太意外。

因為時間點的關係，歡送會辦在公司尾牙之前。歡送會餐桌上，大家如喪考妣那般地捨不得上級主管，算是轟轟烈烈地送他離開原單位。酒酣耳熱之際，所有人都說了一些感性的話，彷彿對方是再造恩人般的重要。

一週以後，職務正式交接完畢，大夥又重新聚在尾牙酒桌上，那天恰巧也是上級主管最後一天上班。宴席中，卻沒有人過去跟上級主管敬酒，就連他曾經照拂過的那位「自己人」也因為忙著跟其他大老闆攀交情而冷落了他。

上級主管頓時像個小透明，一個人默默吃著飯，想跟誰說句話，才發現身邊坐著的都是一些自己不熟悉的同事，只能微笑點頭，任由氣氛尷尬。之後，沒到抽獎環節就含糊其詞一個藉口，走了。

朋友道：「都說人走茶涼，親眼見到還是不免唏噓。」

記得小時候，每到大年初一，家裡總有一堆爺爺的客人陸續登門拜訪。因此他總會起早漱洗，換上最體面的西裝，抹上髮油，準備好待客的糕點，沏上一壺好茶，容光煥發端坐在客廳等待。

大大小小的禮盒果籃絡繹不絕，好幾波人同時前後到訪時，家裡前廳會擠滿黑壓壓的人頭。我們這些做小孩的忙著穿梭其中，見人就喊「叔叔、伯伯恭喜發財」，就為了拿客人給的百元紅包，大年初一我們哪兒也不去。我想著，爺爺真受歡迎，爺爺在外頭一定很有地位，很受人尊敬。這熱鬧的光景，一路伴隨我成長，理所當然到我以為永遠不會消失。

後來爺爺病了、卸了職務、患了癌、癱在了床上。起初還有人來看，陪他說話聊天，拿些問題來請教。漸漸地，那些人全消失了，爺爺的眼睛終於也失去了光彩。

往常過年，前廳總是人聲鼎沸，如今靜默的連嗑一枚瓜子都能聽見響聲帶著回音。爺爺再也不出門了，一是坐著輪椅不願出門，二是不想讓人見著他這般落魄的模樣。唯一一次，我推他出去門前曬太陽，溫暖的冬陽輕撫下，祖孫兩人都被曬得蓬鬆香軟，我順便幫他掏了掏耳朵。結束後他看著我，對我說謝謝，我笑著跟他說不客氣。他痴呆了，以為我是別人。而那時我也總想，痴呆了也好，這樣他就不知道自己卸職後的遭遇了。不知道，那心裡就不失落，不冷清。

人總以為被簇擁的是自己，後來才知道被簇擁的是頭銜、是背後有個大公司的光環。權位是魔法，一旦離開那個位子，豪華馬車一秒鐘變回南瓜。戀棧權位老是被說得極為不堪，但雙手奉上權位給你，沒有人覺得不香。

朋友道：「說什麼公司需要我們呢？其實是我們需要公司。名片上，自己的名字前面如果沒冠個抬頭，在江湖走跳誰會理你？」我附和著，順便想起二叔在世前，一直對外人隱瞞自己罹癌的事實。人前爽朗如昔，人後則對自己的病情憂慮。與其說捨不得獅子會主席的位子，倒不如說，捨不下因這個位子而得到的關注。

年輕時，我自認什麼都可以失去，因為本來也什麼都沒有。中年以後，發現自己也被某些身分上的稱謂綁架，貪戀著因這身分伴隨而來的好處、名聲。曾自以為非凡清高，實際也不免淪為一介俗人。認清了也好，至少不再自欺欺人。人走茶涼是常態，人走了，茶還熱著，不是才奇怪嗎？只要人往別處去高就，那麼手上的這杯茶就永遠會熱著。

當然，這是往好的方面去想的結果。

後來，朋友在洗手間轉出來的電梯口遇見了上級，見他要走，聊了幾句體己安慰的話，還送他下樓上了計程車。說這事的時候一邊感嘆：「像我們這樣願意真心待人的人真的不多了。」我回他說「是啊」，就當作順道誇誇他，也認同一下自己。

1

MAR

這世界需要無用的東西，什麼都有意義的話，會讓人感到窒息。所以，我們喝不能解渴的酒，吃沒有營養的點心，這世界才算有那麼一點意思。

MAR

2

年輕時喜歡跟一切不順眼的事情作對，但其實真正讓自己難受的，也許只是因為無能為力。於是，要勇敢出走，去探索自己的邊界，帶著還沒有被挫折磨平的稜角，與生活的未知相遇。千萬，千萬不要輕易對現況妥協。

3 MAR

每一位懂得自我反省的成年人，都會為自己搭建一座名為「圓滑」的臺階。

MAR

4

——1898年3月4日，宋美齡出生於中國上海

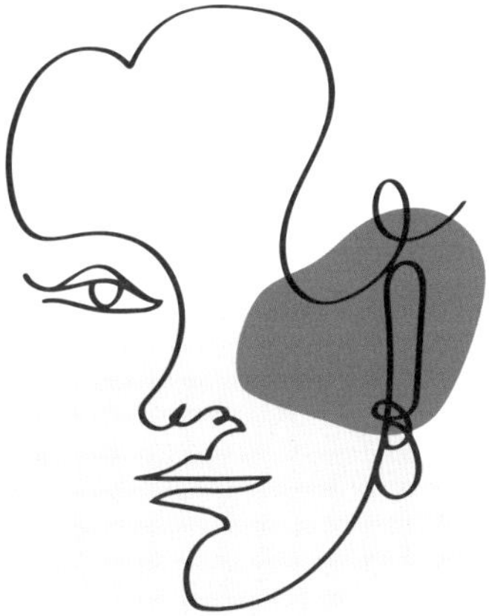

1943年3月，美國時代雜誌封面以宋美齡為封面人物，可以見得她當時在世界政局的重要性，絕對不是蔣中正身旁單純的第一夫人，擺設般的花瓶。

作家冰心曾這樣形容她：「宋美齡並不是一個政治的符號，一個令人生厭的達官貴婦，而是一個有血有肉的女人，是一個極有中國傳統美德又受西方現代文明薰陶、善於交際的夫人。」

隨著蔣家逐漸退出政治舞台，她的晚年靜逸而平和，幾乎都要忘記她曾是民國初代、世界政局上最耀眼的東方女人。

5

MAR

時間不會因為一個人有美好的品質而選擇寬容，它還是會無情地揮舞手上的那把刀，用磨難來雕刻每個人。有人因此毀滅，卻也有人迎難而上，自此成為藝術品。

MAR

6

對未來有什麼想法？
自由、變老，
然後跟貓一樣，
古怪、逗趣，帶一點壞脾氣。

7

MAR

不要過度迷戀成名趁早，
低頭看看自己手中實際握有的東西，
評估它是否足夠支撐我們嚮往的生活。

MAR

8

——國際婦女節

1909年3月8日，美國芝加哥的勞動婦女和全國紡織服裝工業的女工舉行罷工遊行，要求增加工資、實行八小時工作制和擁有選舉權。這是歷史上婦女的第一次遊行示威。

隨著網路興起，婦女節開始有很多別稱，如「女神節」、「女王節」等，與許多節日一樣，開始淪為商家進行銷售的噱頭。不過我也總想，如果某天婦女節不再是商家利用的節日時，是不是也會產生另外一種感傷？

9 MAR

——世界最暢銷的娃娃玩具芭比娃娃，在美國紐約舉辦的國際玩具展覽會上首次亮相

不知道正在看這本書的妳，童年時代有沒有過一個芭比娃娃？我有，就在小學時，用自己的獎學金買的。當時想擁有芭比的心情依然記憶猶新，全是因為她滿足十歲小女孩對成熟女人一切的幻想：漂亮、身材好、有體面的職業。

這也是創造出芭比的芭比之母露絲．漢德勒（Ruth Mosko Handler）最初的設計理念，她從自己女兒喜歡的玩具身上得到的靈感：小孩子希望一個與自己年齡相仿或者更具偶像特質的玩伴，尤其是小女孩，需要一個她長大後的理想型。

芭比後來更成為一種文化象徵，代表美國女性或美國文化。隨著時代她開始有著吻合當下審美的長相、身材、穿著，並扮演不同職業角色，甚至超越了種族與膚色，擴大她在女性童年時期的影響力。

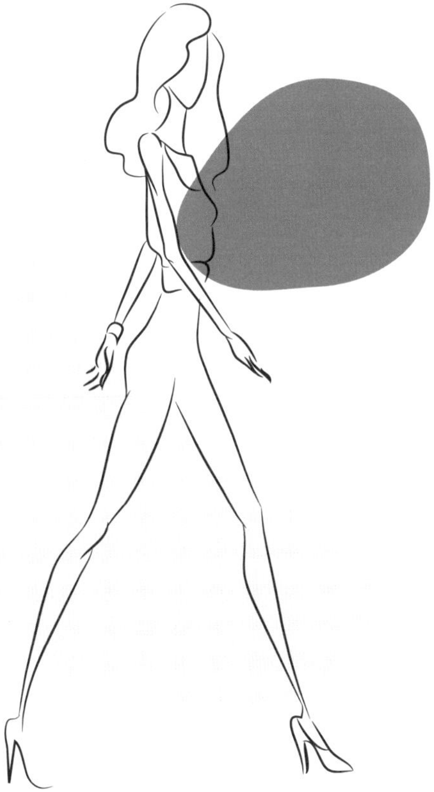

雖然有人質疑「完美的芭比」會在另一個層面讓女孩對自己的容貌與身材感到自卑或焦慮。但我始終覺得「嚮往美」是每個女人終其一生的追求，哪怕我們當時只是個小女孩。這種嚮往給予女性力量，真的不容小覷。

話說啊，我還給自己的芭比做過很多衣服呢。說她是我對時尚的啟蒙也不為過。

10 MAR

如果你真正喜歡一個人，
最難的不是付出，
最難的，是克制。

MAR

11

你問一個人問題，他若答非所問，
就代表他回答了，毋須再追究。
這就是「識相」。

12 MAR

——植樹節

我從來不相信什麼都不做就獲得的自由，我嚮往的，是通過勤奮和努力去實踐的廣闊人生。藉生活裡的每一件事讓自己認真地活著，那種自由，才珍貴。

MAR

13

——1084年3月13日，
南宋女詞人李清照出生於中國山東

李清照，號易安居士，有千古第一才女之稱，被譽為「詞國皇后」。後世將她的詞風稱作「易安體」，為南宋婉約詞派代表。中國眾多詞人中，能夠在文學史上占一席地的女子，獨李清照一位。

14 MAR

暗戀過的人都明白，有時，你選擇與某個人保持距離，不是因為不在乎，而是因為你清楚知道，他不屬於你。而距離，就是僅有的，你維持體面的方式。

MAR

15

——1933年3月15日，美國聯邦最高法院歷史上第二位女性大法官露絲．貝德．金斯伯格（Ruth Bader Ginsburg）出生於美國紐約布魯克林一個德裔猶太家庭

金斯伯格身高只有一五二公分，嬌小身型卻藏著驚人的力量。當上大法官之後，她改變了美國女性的處境，也改變了美國的諸多法律，甚至是美國的民主走向。她是很多年輕女性的偶像，任何印有她的肖像或者格言的周邊都賣翻，因為她們能享受到今天這般的社會地位，很多是因為金斯伯格將大法官的工作堅守到底的緣故。

從求學到求職，她因性別而受到諸多不平等的待遇，以致她發現美國法律存在的問題——看似在保護女性，實際上卻是歧視。這種「隱性歧視」促使她立志要改變這個現象。

從律師到法官，她通過每一個獨立的案件，一步步建構起女性平權的概念，並推進變革。有人說：「還有什麼比一個老女人更遭人嫌棄呢？但人們卻恨不得把這位老太婆所說的字都記在心中。」可見得金斯伯格的地位多麼的具有權威性。

有一點非常可愛，雙魚座的她在法官的領子上特別下功夫，做了很多別緻的款式來代表她的女性特質。時尚品味又高又好。

MAR

16

—— 1908年3月16日，英國皇室授予「倫敦城自由獎」給87歲的佛羅倫斯．南丁格爾（Florence Nightingale）

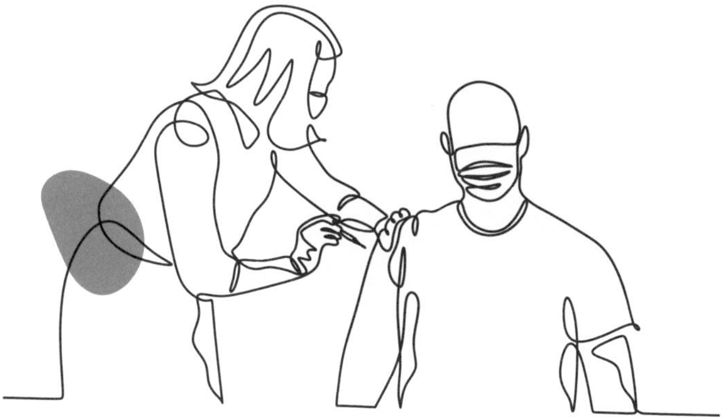

這是英國歷史上第一次把這樣的榮譽授予一位女性。南丁格爾開創了護理事業，讓昔日地位低微的護理師，獲得社會地位，提高形象，自己也成為護士精神的代名詞。

17

MAR

厭世的極致是什麼？是明白「太陽下山明朝依舊爬上來」的道理。因為這樣固定又無能為力的徒勞，所以才想替自己的生活創造點什麼不一樣的東西。

MAR

18

一個人只要是活著的，就會犯錯。
錯了沒有關係，修正過來就好了。
最怕的是將錯就錯，明知故犯，還死不承認。

19 MAR

假如生活欺騙了你，
不要悲傷，也不必委屈，
因為生活不只會欺騙你，
甚至還會揍你。

MAR

20

——美國女作家哈里特・比徹・斯托（Harriet Beecher Stowe）所撰寫的小說《湯姆叔叔的小屋》正式出版單行本

斯托夫人一生致力於寫作，小說內容大都呼籲廢除黑奴政策。美國南北戰爭爆發初期，林肯接見斯托夫人時稱呼她為「引發了一場大戰的小婦人」，可以見得《湯姆叔叔的小屋》這本小說在當時的影響力之巨大。小說中關於非裔美國人與美國奴隸制度的觀點在某種程度上激化了美國南北戰爭，並使得1850年代廢奴主義的興起。

有一點值得關注。在《湯姆叔叔的小屋》中，女性代表一種道德力量與聖潔，斯托夫人肯定女性在廢奴運動中的影響，甚至相信，只有女性才擁有將美國從奴隸制的惡魔手中拯救出來的力量。

這些觀點也為後來的美國女權主義運動做出了貢獻，畢竟《湯姆叔叔的小屋》幾乎是美國十九世紀中最暢銷的小說之一，作為「抗議文學」的先驅，它也對後來的小說有著深遠影響。

21 MAR

目前找不到理想中的另一半很正常啊，
因為你也沒有成為理想中的自己啊，
不是嗎？

MAR

22

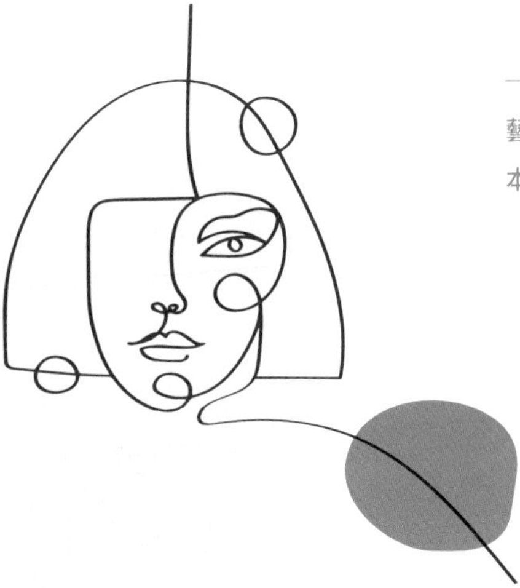

——1929年3月22日，女藝術家草間彌生出生於日本長野縣

草間彌生的創作被歸類到很多的藝術派別，如女權主義、超現實主義、普普藝術和抽象表現主義等，但她覺得自己僅是一位「精神病藝術家」。草間彌生患有神經性視聽障礙，經常出現幻聽、幻視。她把所見的世界創作出來，用來治癒自己，而精神疾病與藝術創作也因此伴隨她一生。

1973年從紐約回到東京後，她一直住在精神療養院裡，每天到附近的工作室工作，然後再返回。幾乎不接受任何的採訪，與世隔絕。蔡康永曾寫過一篇文稱她為「自願住進精神療養院的藝術家」。

23 MAR

真正的離開都是沉默的。
關上門後，出去買杯咖啡或吃碗麵，
便再也沒有回來，連背影都來不及看。
而那些聲淚俱下的，往往只是試探。

MAR

24

我們愛一個人，
並非因為他是誰，
而是和他在一起時，
我們是誰。

25 MAR

需要拚命解釋的人生，聽著就覺得累。
不解釋，不囉嗦，做就對了。

MAR

26

——1943年3月26日，女作家三毛出生於中國四川省重慶

三毛本名陳平，開創了流浪文學，是台灣當代影響力極大的女作家之一，著有《撒哈拉沙漠》、《哭泣的駱駝》、《稻草人手記》等書。三毛與荷西，是讀者心中永不磨滅的愛情故事。1991年1月4日清晨被發現自殺於榮總病房內，享年四十七歲。

喜歡三毛的文字，是喜歡她質樸溫暖卻又幽默感十足；喜歡三毛這個人，是喜歡她過著一個與眾不同的人生。

27 MAR

每個人應該都要有一段逆光飛翔的日子，
向一段孤獨而黑暗的路走去，將自己深
深地沉潛。
那樣的一段路會讓你面對自己。
如同你想看清自己的影子，
就需要背離那些熙來攘往的人群。

MAR

28

世界上最浪費時間的事情，
給年輕人講經驗要算上一筆。
講一萬句不如他自己摔一跤，
因為後悔讓人成長，
疼痛是最深刻的記憶。

29 MAR

——青年節

曾經滿懷夢想的我們，
不知道怎麼的，
都成了「只是那樣」的大人。

MAR

30

人生有什麼佩服的人嗎？
有的，我一直都很佩服一種人，
他們生性悲觀，卻終其一生努力生活。

31 MAR

—— 1889年3月31日，
法國巴黎艾菲爾鐵塔落成

1889年3月31日，艾菲爾鐵塔完工。埃菲爾鐵塔的金屬製件有一萬八千多個，重達七千噸，施工時共鑽孔七百萬個，使用鉚釘兩百五十萬個。鐵塔上的每個零件事先都嚴格編號，裝配時沒有一點差錯。施工完全依照設計進行，中途沒有進行任何改動，是1889年世博會的經典建築，由建築師、金屬結構專家古斯塔夫．艾菲爾（Gustave Eiffel）設計。

如今，巴黎鐵塔是很多人去法國必定造訪的浪漫勝地，但一開始它只是法國政府用來對外展現國力的擺設，還隱含著強迫症結構專家一絲不苟的嚴謹，然而，卻不小心，活成了地標。

April

四月

延遲滿足

人生有很多事，當下是意識不到的，但如果重複多了，自己就會慢慢發現。每當有人問我，覺得自己具備什麼優點的時候，「延遲滿足」會是其中一項。但我不是一開始就意識到的，而是回顧了人生某些關鍵性時刻所做的決定時，才發現原來自己有這個特點。

「延遲滿足」為心理學中的一個詞，它所對應的一個實驗是大家耳熟能詳的「棉花糖實驗」。棉花糖實驗是美國斯坦福大學 Walter Mischel 博士在六〇、七〇年代於幼稚園進行的有關幼兒自制力的一系列心理學經典實驗。他在每個小孩面前放一塊棉花糖，並告訴他們，如果能堅持十五分鐘別碰它，那麼十五分鐘後就能被額外獎勵一塊棉花糖，獲得兩塊棉花糖。若沒堅持住吃了，那就沒有第二塊糖了。然後他離開實驗室，用隱藏攝影機記錄接下來發生的事情。

有的小孩在博士一走就吃掉了棉花糖，有的則嘗試轉移自己的注意力，蓋住眼睛或踢踢桌腳。有的孩子會湊上去聞或舔一下，或在棉花糖邊緣咬一小口。總共大約有三分之一的小孩堅持了十五分鐘，並得到了額外的獎勵。幾年後，該研究小組回訪了這群小孩，探究在棉花糖實驗中選擇延遲滿足感的做法是否與他們所獲得的成就具有相關性。結果發現，當初能夠為了獎勵而堅持忍耐更長時間的小孩，普遍具有更好的人生表現，比如更高的自信或更優秀的成績等等。

這個實驗告訴我們願意「延遲滿足」的人，會甘願為更有價值的長遠結果著想，而放棄即時滿足的取向，並在等待期中展示對自我的控制能力。Walter Mischel 博士曾在 2015 年接受採訪時說過：「若是因為沒有等待那十五分鐘，便認為自己的孩子未來註定會失敗，那真是一個非常嚴重的誤解。畢竟，延遲滿足也可能帶來十五分鐘後將一無所獲的風險。實驗重要的意義應該是孩子們學習如何自主評估等待的風險，並完成自主選擇的過程。」

這不是一個單純學會等待的能力，也並非告訴大家要壓抑慾望，說到底，它是一種客服當前的困難情境、力求獲得長遠利益的一種能力。更白話一點是「意志力」加上「自制力」，尤其在沒有外界監督的情況下，一個人必須適當地控制、調節自己的行為，抑制衝動、抵制誘惑，並向內探索自我。

我經常收到大學在校生的私訊，他們通常會有幾個共同的煩惱：

1. 現在念的科系沒意思，但又轉不了，覺得浪費時間，想休學直接進入職場。

2. 認為學歷無用，與其再花兩年時間，不如現在就去做一份工作賺錢。

3. 對未來自己想做什麼工作沒有頭緒，不如休學去職場看看或許可以找到目標。

這幾個煩惱在稍微有工作經驗的社會人眼中代表什麼？我思考了一下，應該可以用「短視近利」這句成語總結。一個不知道自己未來想做什麼，卻告訴我學歷無用，想藉由提早進入社會工作來賺錢，並找到人生目標的想法，其實只要你自己去求職網兜一圈就知道現實的殘酷了。

還記得自己未全職做 KOL 之前，許多業配文邀約已經陸續找上門。當時還在做造型師的工作，如果想多賺一點錢，利用業餘時間接下那些邀約也是沒有問題的，但我卻是在兩年以後，決定轉換工作跑道，並出了第一本書之後，才正式全面接觸商業活動。決定的關鍵是我大致去打探了一下業界的行情，如果以當時的粉絲數來接，其價碼不會太高。於是我便告訴自己，韜光養晦一下也無妨，再多寫一些文，產出更多內容，讓粉絲數字與黏著度更高再來說吧。沒想到僅短短兩年我就達成自己設定的目標，順利出書，也順利轉職。不過，相反的也意味著我推掉了在兩年內不斷找我的品牌客戶們。之後我開始全職做 KOL，開了不算低的價碼，慎選合作品牌，認真對待這個新的事業體。

想告訴那些有相同煩惱的大學在校生們，眼下一定有你可以做的事，但絕對不是休學而冒然投入職場。如果有一份工作誘惑你馬上就可以賺到三至五萬，那可能意味著你這輩子最高的價碼也許就是如此，之後就是一路下滑。就更別說有一天你發現，當初放棄的大學文憑其實是你每次求職的入場券，更是你升職加薪的籌碼之一，就真的後悔莫及了。

人都有很茫然的時候，但也就是因為很茫然，所以才更要把眼前僅能做的事做好，倘若這一點都做不到，就別妄想之後能做喜歡的事還同時賺到錢了。因為「延遲滿足」怎麼說也算是一個成功者必備的條件之一吧，為更有價值的長遠結果，甘心付出，耐心等候。

1 APR

——愚人節

2001年4月1日，荷蘭成為世界上第一個同性婚姻合法化的國家。

2002年4月1日，荷蘭成為世界上第一個安樂死合法的國家。

2004年4月1日，Google啟動了Gmail服務。

不知道發生在四月一日的重要事件，會不會有人覺得是愚人節的玩笑呢？

APR

2

還是有點儀式感比較好。

許多人迷戀所謂的默契，
覺得有些話不用說對方也能懂。
但愛情這件事，
說出來確認心意的感覺，
還是遠遠勝過「我以為你知道」。

3 APR

——1934年 4月30日，
致力於黑猩猩研究的英國
生物學家、人類學家和著
名動物保育人士珍．古德
（Jane Goodall）出生

珍．古德長期致力於黑猩猩的野外研究，取得豐碩成果，糾正了學術界對黑猩猩長期以來的許多錯誤認識，揭示了黑猩猩社群中的秘密。此外，她熱心積極投身於環境教育和公益事業，創立的《國際珍古德協會》在促進黑猩猩保育、推廣動物福利、環境保護等領域的工作擁有卓越的成效。

2020年新冠肺炎席捲全球，自此改變了人類最尋常的生活。珍．古德對這現象表示：「COVID-19全球大流行就是人類自食惡果的一個例子。人類影響全球生態，大自然便會反撲，當我們不尊重生態、不尊重動物，不斷砍伐森林、壓縮動物生存空間，甚至發展出野味飲食，各種不衛生的方式導致動物身上的病菌轉移至人類身上，就會衍生出人畜共通的傳染病。」

人類尚有許多課題需要向大自然學習，也許第一課就是珍惜環境，從自身開始盡量做好隨手的環保工作吧。

4 APR

——1914年4月4日，著有《廣島之戀》、《情人》的法國作家瑪格麗特．莒哈斯（Marguerite Duras）出生於法屬印度支那

「若我不寫小說，不是一個作家，那麼，我應該是一個妓女。」這麼驚世駭俗的話出自於莒哈斯口中之後就一點都不奇怪了。在她的小說世界裡，通過性愛的宣洩達到對慾望本身的釋放，一直都是她對愛情最純粹的表達。而且不僅限於男女之愛，對同性的慾望也是如此。

愛情一直是她小說中的終極母題，她所有最出色的小說都在談論愛情。作品中透露出來的強烈女性意識，亦是她吸引大量同性關注的原因。但她否認自己是女性主義者，她明白表示自己不是為女性書寫，之所以寫女人是因為「我在寫自己，寫那個穿越了多少個世紀中的我自己。」

莒哈斯一生的情人眾多，哪怕結了婚，她依然有著情人。人生最後的十幾年，與一位年齡可以當她孫子的男人在一起，直到生命的最後。在愛情的實踐上，她的作為足以輾壓所有女人，但我們可能只會羨慕她，卻不想成為她。因為我們可能承擔不起她所承受過的代價。

5 APR

—— 清明節

沒關係的，不必太過自責，
每個人生階段都有它相對應的自討苦吃。
煩惱是自找的，
沒有煩惱，也很讓人煩惱。

APR

6

你以後有什麼打算？
好好工作，好好生活，
可以的話，愛一些人，也被那些人愛。

7

APR

——世界健康日

一個人的心要足夠深，
才能埋得下一些事。
若淺得像個碟子，什麼都裝不下，
稍微有一點心事，就都流淌出來了。

APR

8

——1941年4月8日，服裝設計師薇薇安．魏斯伍德（Vivienne Westwood）出生於英國

世上總有人不斷地老去，但薇薇安．魏斯伍德卻始終年輕。她的年輕是一種信念，那個信念叫做「龐克」。語不驚人死不休的她曾說：「穿得夠震撼，才能過上更好的生活。」

被粉絲暱稱為「西太后」的她一直是個怪老太太，但也許大家都不知道，年輕的時候她曾做過小學老師呢。

9

APR

這個世界上，
讓一個人真正凍齡的，
莫過於才華。

APR

10

如果生活中除了對愛情用心之外，
你沒有其他追求與熱情，
那麼即使那段感情出現，
你最終還是會失去它。

11 APR

有些話，正因為是不經意說出的，
才帶有真實的味道。

APR

12

和他聊一萬個小時，他也不會是你的。
若拿這一萬個小時來學習，
你將會成為理想的自己。

13 APR

這世界，比真愛更多的，
也許是愛情褪去後的貌合神離。

APR

14

——1912年4月14日，鐵達尼號於船上時間23:40撞上冰山，隔日凌晨沉沒

鐵達尼號是當時世界上體積最龐大、內部設施最豪華的客運輪船，號稱「永不沉沒」。諷刺的是，它的處女航便遭逢厄運，撞上了冰山沉沒。在兩千兩百二十四名船員及乘客中，有一千五百一十七人喪生，其中僅三百三十三具罹難者遺體被尋回。

但現在提起鐵達尼號，我們只會想起傑克與蘿絲。

15 APR

—2019年4月15日，

巴黎聖母院火災

巴黎聖母院建於1163年，整座教堂在1345年全部建成，總共花了一百八十二年，是法國哥德式建築的代表作。

記得第一次走進巴黎聖母院是2013年，正逢它的八百週年慶。我沒有任何信仰，但對代表藝術與文化的瑰寶卻有著無限景仰，前後造訪過兩次。

我們總說以後還有機會，而巴黎聖母院的大火卻讓我意識到，也許這世界存在的美好正在用一種無法預知的意外消失。原來，所有的來日方長，都抵不過世事無常。

APR

16

——1985年4月16日，臺灣第一個試管嬰兒誕生

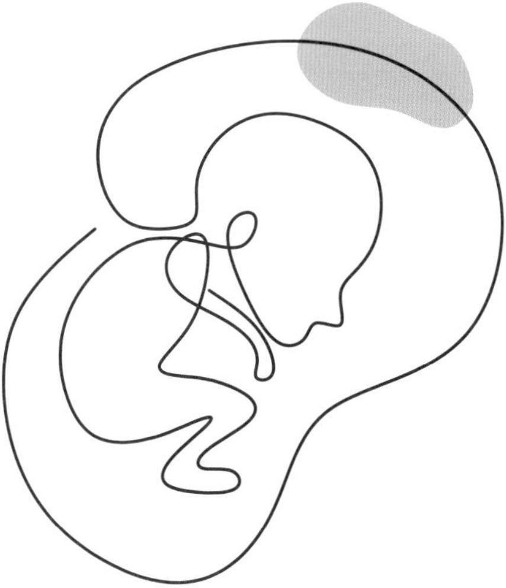

從自然到人工，女性的生育焦慮消失了嗎？這是一個值得所有的未來媽媽深思的問題。

17 APR

長大，是傷口必經的癒合期。
時間讓那新生粉嫩的肉
逐漸和老去的皮膚融為一體，
因為過程太過寂靜，也太過私人，
以致除了自己，
別人以為什麼都沒發生。

APR

18

所謂復合，就是對現況都不滿意的兩個人，想回到過去取暖。一個人要是現在生活得意，誰會想回到過去？

19 APR

大多數的人聽到覺得有道理的話並不會立刻去實踐，那怕他們心裡隱隱知道這樣做對自己有好處。他們會在重蹈覆轍中一點點認知到：啊，確實是這樣的。

不過問題也不大，畢竟牆的存在，就是用來給人撞的。

APR

20

——1941年4月20日，
時尚編輯格蕾絲・柯丁頓
(Grace Coddington)
出生於英國威爾士

曾經在美國版《VOGUE》工作三十年的她，是世界最著名的雜誌創意總監。《時代》稱讚她是「現代的米開朗基羅」，因為她所拍攝的時尚照片總是瀰漫著一定的敘事性和人物的故事性。標誌性的一頭紅卷髮，也讓她在時尚圈辨識度極高。

相信看過《時尚惡魔的聖經》這部紀錄片的人，都會認同「格蕾絲搶走了安娜・溫圖的風采」這句話。她目前是斜槓人士，身兼插畫師、作家、時尚編輯等身分。

21 APR

—— 1816年4月21日，
小說家夏綠蒂·勃朗特（Charlotte Brontë）出生於英國北部約克郡

夏綠蒂·勃朗特最著名的小說莫過於《簡愛》。小說中，最突出的主題是女性追求獨立自主的強烈願望。在此之前，英國文學幾乎不曾有過女性獨立意識的表現，夏綠蒂的《簡愛》被後來的女性作家視為「現代女性小說的楷模」。除了愛情，這部小說的偉大之處應該是傳遞了「人生而平等」的理念。

──1926年4月21日，
英國女王伊莉莎白二世
（Elizabeth II）出生

伊莉莎白·亞歷山卓·瑪麗·溫莎（Elizabeth Alexandra Mary Windsor）是她的全名。出生那時，她和她的父親還不知道未來發生的事將改變他們父女的命運。1936年，伊莉沙白二世的伯父愛德華八世因執意迎娶辛普森夫人而退位，由她的父親喬治六世繼承王位。從此，她也成為王位的第一順位繼承人。1952年登基迄今，已經打破了英國維多利亞女王六十三年七個月又兩天的時長紀錄，成為在位最久的君主。

22 APR

—— 世界地球日

我覺得啊，先別要求自己成為更好的人，能稍微不受人影響，有自己的想法與堅持，才更重要。

APR

23

——世界閱讀日

妳為什麼變得越來越有價值？不是因為會省錢，是因為妳有本事賺很多錢，同時懂得如何保有生活。

24 APR

喜歡、合適、在一起，是不同的三件事，
但我們經常以為是同一件事。
因為這樣的誤解，導致我們愛得很辛苦，
總是想在一個人身上同時滿足這三件事。

APR

25

跟自己和解，跟童年和解，跟原生家庭和解，跟背叛與欺瞞和解。

其實到最後誰也沒有和誰和解，只是，算了。

26 APR

女人總以為，所謂愛，是明明很累卻還願意撐著和她聊天到深夜，不對她喊睏的人。但真正舒心的關係，應該是累了就說出來，說出來後不用擔心對方不高興，這才是能持續下去的感情啊。

APR

27

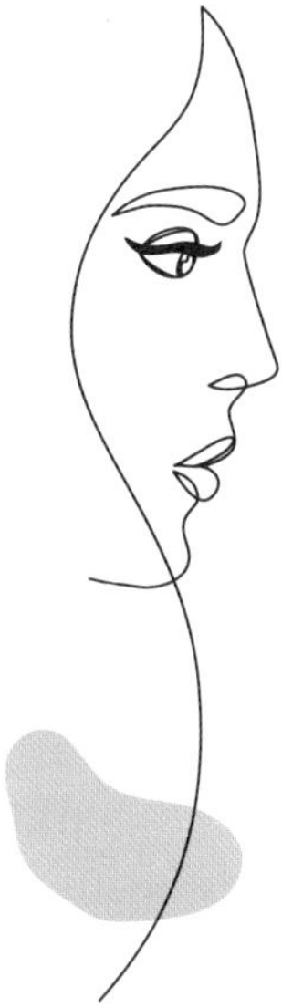

——2017年4月27日，女作家林奕含在台北家中上吊自殺，時年二十六歲

《房思琪的初戀樂園》是作家林奕含創作的長篇小說，故事講述了美麗的文學少女房思琪被補習班老師李國華長期性侵，最終精神崩潰的故事，這也是林奕含的親身經歷。她曾說：「人類始上最大規模的屠殺，就是房思琪式的強暴。」

社會中普遍存在的「厭女文化」，深深影響著性侵加害者與被害者的行為，在這樣的語境之下，許多女性就如同房思琪一邊厭惡自己，一邊懷疑自己，在罪惡感與恥感之間不停拉扯。

隨著 #metoo事件的揭發，當越來越多的女性知道「這不是我的錯」，而社會觀感會站在自己這一方的時候，我們的世界才是一個尊重人的世界。

28

APR

——世界舞蹈日

唯有內心豐富，
才能擺脫生活表面的相似。
所以要嚮往自由、嚮往美，
嚮往一切讓自己情緒澎湃的事物。

APR

29

無論愛情或友情，都是年齡和閱歷的折射。如果你來到某個足以稱作大人的年紀，卻總是搞砸它們，那麼只代表你沒有與年齡匹配的閱歷，更有可能的，是你拒絕學會那些經歷教你的事。

30 APR

人一旦掌握了自己的命運，接觸了慾望實現的過程，就會想再往前走一點，看看自己是不是可以成就更多。

絕大部分人的「佛系」，是因為他從來沒靠自己翻轉命運、真正的得到過。

May

五月

小菊

印象中，父親節是陌生的，母親節則從不會缺席。

「多寫寫妳的母親吧，想知道她是怎麼樣的一位女性，才能教育出像妳一樣的女兒。」曾經，有讀者對我這樣說。比起其他網紅，或許是我太少曝光家人了，少有照片與生活記錄，才惹得大家好奇。

第一本書寫過《溫柔的力量》這篇文，算是回憶父親去世後母親留在婆家生活，肩負起我和妹妹三女的養育之責，為這個家族奉獻的過程。她是一位性格低調樸實的女人，用一副硬朗的身軀，與逆境拼搏。

我常想，獨立不是完全取決於外在的條件形式，它有時候更像一種基因，早就內建在某些女人的骨血中。因此，不管她是家庭主婦還是職業婦女，獨立這回事兒，從來都不是問題。我的基因裡應該也有母親的那種力量，甚至，韌性也有一些。

今天要說說母親與父親的婚姻故事。以下就用小菊與阿銘相稱吧。

小菊二十七歲結婚，是那個年代為數不多工作多年後才婚嫁的女子。這個年紀在當時已屆大齡，但小菊似乎不以為意。婚後，小菊與阿銘連續產下二女，因阿銘是長子，小菊自然肩負了生男重責。在婆婆不時叮囑的壓力下，小菊在五年多之後，終於——產下第三個女兒。

第七年，三女剛滿一歲，阿銘就外遇了。對象是他經營的公司的會計小姐。但到底是才剛剛萌芽的愛意，還是早有一段時日的婚外情，據小菊後來口述：「連妳阿嬤都知道的事情，可見應該挺久了，而她一直以為我不知道，都會偷偷暗示我。」

荒煙漫草的年頭出現在周杰倫的歌裡，讓我知道談事情一定要選在月黑風高的夜晚。小菊沒聽過周杰倫的歌，但她也知道要約阿銘談判，在三代同堂的家裡是不合適的。於是，她把自己的丈夫叫到了巷子的最深處，告訴他：「我們離婚吧，我帶走三個女兒，你可以再娶。」

小菊自結婚後就辭掉工作，成為全職家庭主婦。當我聽到她說要獨力扶養三名幼女時，差點尿失禁。但她態度如此堅決，彷彿這不是什麼難以達成的事。

阿銘可能沒想到一向默不作聲的妻子竟然就這樣落下豪語，一時語塞，但也很快就恢復痞帥本性，輕聲安慰妻子：

「她是一個很好的女孩，妳一定會喜歡她。」小菊聽完笑而不語，既然夜深露重，那麼就緩幾日再談，今晚就算表明立場吧。

那晚的談判注定是破局的，但小菊與阿銘已經捅破了那層窗戶紙，再也不能假裝沒看見。不過，究竟是人算不如天算，老天爺提筆一揮，打算改寫一下這對鴛鴦的命運。

間隔不到三天，阿銘如常進行他在社區的義警巡邏，結束後去巷口鵝肉店夜宵。遇見隔壁桌鬧口角，熱心前去勸架。鬧事者在勸架後憤憤離去，阿銘對自己飽漲的俠義之情甚是滿意，便多喝了幾杯。

子夜，阿銘帶著飄飄然的醉意離開，卻在離家不到兩百公尺的地方被人以八十多刀砍傷，當場血流成河，送醫不治身亡。砍他的不是別人，正是那位鬧事者。原來他離開的目的是伺機埋伏，等待下手。經警方調查發現，他竟是一位通緝在逃的犯人！這名通緝犯在我小學三年級時才因持槍被警方圍勦逮捕歸案。

阿銘的意外離世帶給家族無盡的傷痛，也徹底改變了小菊的決定與往後的命運。後來在喪禮上，小菊第一次也是最後一次看見會計小姐。她哭得梨花帶淚，肝腸寸斷，小菊上前安撫，謝謝她來。爾後，她獨自扶養三女長大成人，並侍奉公婆直到兩老前後因病離世。

以上，就是我母親小菊的婚姻故事。

四十幾歲快五十歲時，她曾被診斷出子宮頸癌第零期，那時我已經進入社會工作一兩年，妹妹們則還在念書。她罹癌這件事，因住院開刀我們才知道。從小的記憶裡，母親是甚少生病的，連傷風感冒這種小症，她都很少有。子宮頸癌被檢查出來的當天，她跟醫生討論，當場就果斷做了拿掉子宮的決定。多年後，每當我回想起這件事都深感母親的強大。那種強大撼動我，也鼓勵我，支持我在異鄉拚搏，在受盡人情冷暖時可以不情緒崩潰、顧影自憐。

我的母親講不出頭頭是道的女性主義思想，至少不會像她女兒那樣這麼愛在字裡行間鼓吹。可是她卻可能已經做到了一位滿口女性思想的女人，但其實只是女權主義自助餐者永遠辦不到的事。

女性獨立不是時代的產物，它一直都在，就看妳心裡有沒有而已。

1

MAY

——勞動節

家是業力的聚集地。人最沉重、最糾纏、最不可逃避的情結，往往都來自於原生家庭。長大後，有些人身體遠離了這個家，但靈魂卻還遊盪著，無法掙脫。真正的離開，需要很大的成長力量，以及時機。

MAY

2

親情裡有很自私的一面，因為藏得很深，讓人難以察覺。自私沒有對錯，但有適合表現出來的時機。一旦抓準機會，它可解決多數因原生家庭造成的問題。

3 MAY

——1979年5月3日，
柴契爾夫人成為英國第一位女首相

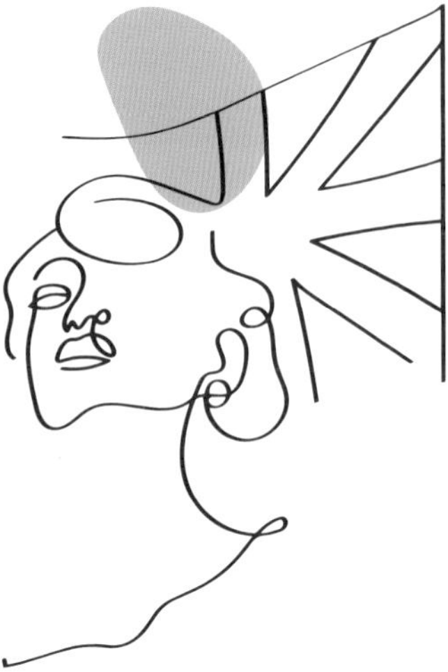

她是英國保守黨第一位女領袖，也是英國歷史上第一位女首相，任期長達十一年之久。是自十九世紀初以來任職時間最長的英國首相。柴契爾夫人在政壇以作風硬朗著稱，評價兩極，被人稱之為「鐵娘子」。

在此之前，以及在此之後，你會看見本書記錄很多「歷史上的第一位女XX」。之所以將這些締造歷史第一位的女性羅列出來，其用意並非告訴你女性的特殊性，更多是讓我們知道，因為有以前的第一位才會有後來的「無數位傑出女性」。當時覺得稀奇並震撼的事情，現在卻顯得稀鬆平常時，才是女性地位進步的象徵，也才是平權的象徵。如同以前的女人不穿褲裝，但現在，我們甚至買起了男裝一樣。

MAY

4

——1929年5月4日，好萊塢明星奧黛麗·赫本（Audrey Hepburn）出生於比利時

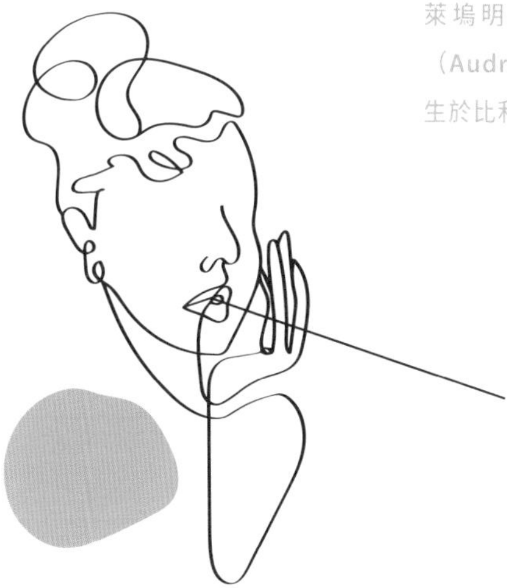

一個女人把自己活成優雅的代名詞，經過幾代人不停地傳頌，也始終未曾下過神壇。很多人沒有看過《羅馬假期》，沒有看過《第凡內早餐》，更沒有看過《窈窕淑女》，但他們都知道有一位好萊塢明星叫做奧黛莉·赫本，以她充滿愛的形象走遍大螢幕再踏入世界最貧瘠的角落，落實真正的一生優雅。

「上帝親吻了一個小女孩兒的臉頰，於是赫本誕生了。」

5

MAY

許多傳統卻偉大的母親，會因為孩子而忍受所有命運對她的槌打。

如果真有穿越，所有的孩子回到媽媽遇見爸爸的那天，寧願未來沒有自己，也會對她說：「離開那個人，不要生下我，妳值得更好的人生。」

這就是母親與孩子。

MAY

6

捧殺，意思是把某類型的人定在一個高度上，當你做不到，就是你的不對。

我覺得對女人最可怕的捧殺是「母愛」，尤其那句「為母則強」。

7

MAY

人們常說「因為是家人才互相理解」、「因為是家人才無話不談」，事實並非如此。「正因為是家人才不想讓他們知道」、「正因為是家人才無法理解」反而才是現實。

MAY

8

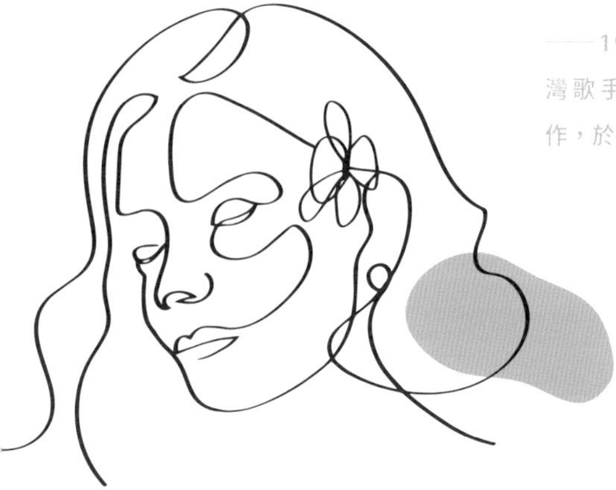

——1995年5月8日，台灣歌手鄧麗君因哮喘發作，於泰國清邁過世

陳可辛導演的《甜蜜蜜》是為數不多、我最喜歡的華語愛情電影之一。在這部電影裡，鄧麗君不是華人歌壇天后、不是傳奇歌姬，而是時代符號。電影的最後，失散的男女主角在電視牆重逢，他們被鄧麗君去世的消息吸引，一邊唏噓世事難料，一邊跌入自己年輕的回憶裡。猛然轉頭，發現夢中的人竟然就在身邊。

誰的愛情不是甜蜜蜜？誰年輕的笑容不是花兒開在春風裡？

1995年，我二十歲，打工的地方一連七天播放著鄧麗君的歌曲。隔年，我買票進電影院，一個人去看《甜蜜蜜》。

9 MAY

——1960年的5月9日，
美國食品和藥物管理局
FDA正式批准世界第一種
口服避孕藥Enovid問世，
美國成為第一個將避孕藥
合法化的國家

在六〇年代美國的女權運動中，爭取生育自主權向來是一大議題。口服避孕藥Enovid的正名與上市，也成為這場運動的最佳後盾。

一直認為「避孕」是女性對「性自主」與「生育權」最直接的作為。不僅可以讓女性免於流產的傷害，也能讓女性握有生育自主權，同時享受性愛，並更好地安排工作和家庭計畫。無論未婚或已婚，避孕都是女人對自己身體負責任的作法。

但當今社會依然有很多女性認為避孕是男性的責任，這樣的認知無疑是將性自主與生育權無條件讓渡給了男性，被動成為承擔風險的那一方。既然科學、醫學都在某種程度上幫助女性掌握更多人生自主權，那麼我們是否也要翻轉思想，才不辜負這樁美意。

因此，女人走進便利商店買保險套就跟買衛生棉一樣正常。既然男人幫女人買衛生棉可以被讚美，那麼買保險套的女人何嘗不是一種體貼？

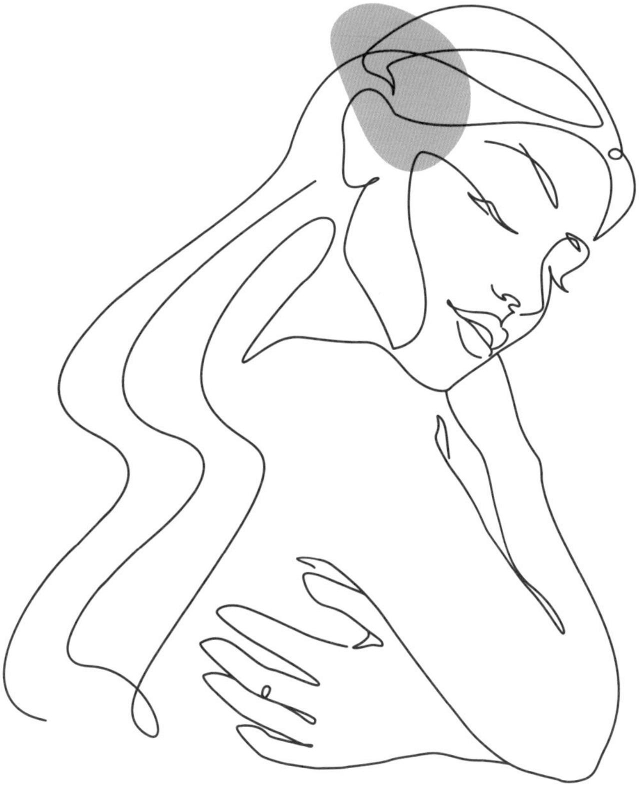

10

MAY

——1949年5月10日，繆西亞．普拉達（Miuccia Prada）出生於義大利米蘭

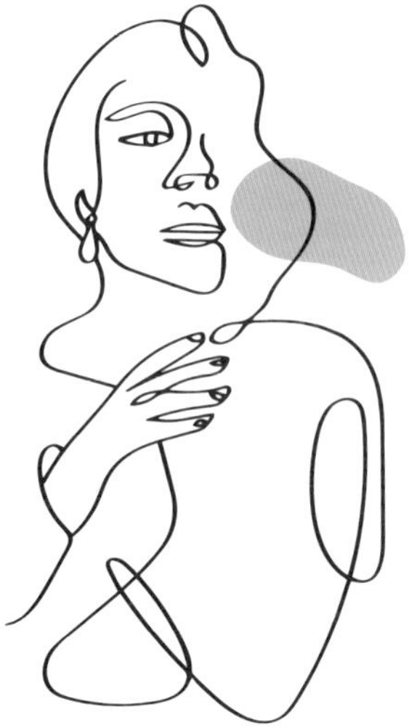

「既然，我不能去做我想做的事，那就把在做的事做成我想要的樣子」。繆西亞．普拉達接手Prada時，這個牌子其實已經呈現疲軟。在家族男性一向輕視女性的情況下，她從來沒有想過自己會接班，因為她不僅擁有政治學博士學位，還是個左翼份子。

很多人喜歡稱她為知識型的時尚設計師，但她有時候卻覺得成為時尚設計師令她感到羞愧，卻又因為太喜歡這個行業，而一直堅持做下去。

若你問我對Prada這個品牌有何看法？我想，因為Miu姨的關係，我會說：「是她賦予會思考的女性性感的可能。」

MAY

11

你對我好，不要帶什麼東西給我。只要把你自己帶過來就好。把自己帶過來，當著面對我說一些好聽的話，這樣就很好。

12

MAY

——1907年5月12日，
好萊塢女星凱薩琳．赫本
（Katharine Hepburn）
出生

在螢幕面前，總有女明星想破除時代的限制，不管是思想上的還是外表上的。但真正做到言行一致的，很少。凱薩琳．赫本被美國選為百年來最偉大的女演員，這項殊榮也許正隱含著她從不畏懼性別限制，並堅決特立獨行。

影迷粉絲暱稱她為「凱薩琳殿下」，不是因為她是第一個把男裝穿上螢幕的女演員，而是她把自己活了一個大家都想成為卻做不到的那種女人。

MAY

13

人會被一個東西欺騙，
絕不是因為笨，
往往是因為太想要得到它。

14 MAY

有些書，有些歌，有些電影，看完聽完就像過了一輩子那麼長。心裡隱隱約約有些悲傷，卻不知道從何而來。

MAY

15

人究竟是為了什麼？
越是親近越互相傷害，
越是生疏卻越有禮貌。

16 MAY

雖然住在同一個屋簷下，很多人照樣可以各過各的日子。但對彼此偶爾的嫌惡，又讓這個地方感覺像個家。

MAY

17

——2019年5月17日，台灣成為亞洲第一個同婚合法化的國家

也許有人會覺得真愛就是真愛，不需要一紙婚姻的證明。我雖然同意真愛不需要那紙證明，但社會制度需要，因為社會制度依法行事。

有人說：「同志婚姻合法化不單是一紙證明，而是社會把這張紙，當作同性伴侶在彼此生命重要時刻，站在對方身邊的入場券。」

玫瑰少年的故事則反應出唯有當法律賦予社會認同時，諸如此類的校園霸凌才有終止的可能。不再被認為是異類，並享有同等權利。

很開心台灣是亞洲第一個同婚合法化的國家，表示這塊土地多元且寬容，也感謝在這條路上一直勇往直前的鬥士們，讓我們藉由一次立法，看見未來的希望。

18

MAY

「生、活」應該是要拆開來的兩個字。
先懂得生存，
才能知道該怎麼活得開心。

MAY

19

——1536年5月19日，英格蘭王后安妮·博林（Anne Boleyn）被依叛國等罪名，斬首示眾

安妮·博林的女兒是大名鼎鼎的英女王伊莉莎白一世，但其實她本人的一生也不遑多讓，不僅是整個都鐸王朝的八卦中心，她的婚事還因此引發亨利八世與羅馬教廷翻臉，掀起了宗教革命，自此改變英國歷史。

這樣的女人本應是手段、心機皆高竿的代表，是時代洪流中不可多得的人才，卻因為政治陰謀與性愛糾葛，最終使得安妮·博林從王后成為階下囚，肩負起所有歷史罵名。

所謂君王的愛不過如此，王后的位子總是取代性極高的，終歸是政治棋子。

20

MAY

大家都一樣，都一樣不懂人生。
唯一的辦法就是活下去，也許活下去就會
漸漸懂了。

MAY

21

真正理解生命的人不會在死亡面前別過頭去，真正勇敢的人在不斷地失去中也能找到安頓自己的力量。

22 MAY

——1970年5月22日，世界模特史上最成功的非裔模特娜歐蜜·坎貝爾（Naomi Campbell）出生於英國

提起最具知名度的黑人模特兒，時尚圈無人不曉娜歐蜜·坎貝爾。她是九〇年代超模團中唯一的黑人，也是世界上第一個拿下《VOGUE》雜誌封面的黑人模特兒。

2018年，Versace大秀請來當年的超模團謝幕，娜歐蜜站在C位引領眾人出場，這一幕足以代表她三十年來在時尚圈的地位，也足以代表她一直奮戰在時尚最前線。當同期的模特兒紛紛婚嫁生子退隱時，她還活躍在T台上，她的地位依然沒有被撼動。

八〇年代末、九〇年代初的時尚圈，是白人模特兒的天下，娜歐蜜的出現，不僅直接挑戰了當時的審美，也在考驗著大眾的接受

度。但她猶如一匹野馬，犀利、妖媚、充滿力量感，義無反顧地衝進了全世界的視線中。

身處名利場，當然有八卦纏身，衝動與火爆的性格讓她飽受爭議，但在時尚圈佔有一席之地後，對於提攜黑人模特兒與黑人設計師也不遺餘力。

傳奇與爭議並存，使她活得非常耀眼。但這般耀眼若沒有強大的內心托底，恐怕早就被現實的時尚圈傷得體無完膚。我想，這就是她讓人服氣的地方。

23 MAY

血緣跟親人常常被看作是同一個系統。但親人啊這個系統，有時卻會脫離血緣，自己悄悄地運轉起來。

MAY

24

——1906年5月24日，日本間諜川島芳子出生於中國北京

談起川島芳子，最著名的影劇形象是梅艷芳飾演的，亦男亦女，亦正亦邪，集美麗與英氣於一身。芳子本名愛新覺羅·顯玗，是滿清遺族。父親為了拉攏日本勢力，將她做為友情依據贈給日本浪人川島浪速當養女。那時代的女子始終是被當做一項「禮物」來讓渡。

在日本長大的芳子，其心智的轉折點在於被養父強暴得逞，自此她以男子自居，剪短髮、著男裝，與女性身分畫清界線，想借此阻斷那恥辱的記憶，並於三〇年代成為一名日本間諜，策劃主導了驚動中日的九一八事變。

國仇家恨的時代大背景下，女子能掌握自身命運者本就是少數。但芳子的悲涼更在於她一半是中國人、一半是日本人，一邊是根、一邊是家。

—— 1819 年 5 月 24 日，英國維多利亞女王（Queen Victoria）出生

維多利亞繼承王位是諸多巧合下的結果，本是王位第五繼承人的她，希望渺茫。但無論如何，她做了英女王，在位六十四年，使英國在政治、經濟、軍事、文化、領土和國際影響力等達到史上頂峰。

沒有比較就沒有傷害。同時期，東方最有權勢的女人——慈禧太后則幾乎是喪權辱國般地過日子，卻還覺得自己比維多利亞女王更偉大。想必維多利亞攝政下發起的鴉片戰爭跟八國聯軍並沒有打醒慈禧。

同樣是跨入二〇世紀的門檻，東西方兩位權勢女人，卻在此時遭逢不同的命運。維多利亞為後世樹立了不朽的典範，慈禧卻在自我催眠中讓中國受盡欺凌。

MAY

25

—— 2016年5月25日 中國著名文學家、翻譯家楊絳先生逝世

提起楊絳，我們會聯想到她的先生錢鍾書，他的著名小說《圍城》寫婚姻的樣子。但不知怎麼的，我更想知道她在連續兩年內失去女兒與丈夫後，那屬於女人的內心世界。

有人說，一流的作家會繞到生活的背面看人生。先生，女兒不在了，楊絳卻還有往後的十八、十九年要過。她寫散文《我們仨》，寫「我們三人就此失散了，現在，只剩下我一個」。餘生依然把生命交付筆墨，潛心寫作。

後來，我們仨終於又聚首了，在天上。

26 MAY

一個人的成年禮，幾歲發生都有可能。如果你一輩子都未成年，那也沒有關係。

MAY

27

每個人其實都是解決自己問題的專家，卻因為從小有父母幫我們克服難題，導致成年後喪失了這個能力。於是，到了親密關係時，都期待有一個人可以拯救自己。

28 MAY

父母和孩子是這個世界上最親的人，但很多時候我們卻互不瞭解，彼此傷害，互相辜負。

MAY

29

究竟是哪個地方做錯了，才會讓我的人生變成現在這個樣子？

我想著如果能重來一次就好了，卻發現不管是什麼結局，活一次就夠了。

30 MAY

一部戲如果主題不鮮明，我們首先不承認這是一部好戲。可是，又經常聽說人生如戲。只是，誰的人生可以主題鮮明呢？人生啊，終究不是一齣好戲。

MAY

31

——世界無菸日

熬過湯的人應該都知道，想要湯色澄澈，水滾後撈去浮沫是很重要的事。油膩混濁的浮沫，真像生活裡瑣碎不堪的現實，考驗耐心，考驗人講究的程度。

June
六月

獨立有陷阱。什麼陷阱？
矯枉過正。

2020 年日本推出了新版的《東京愛情故事》，雖然啟用的都是當紅的新人，但作為 1991 年經典版的日劇老粉，鈴木保奈美的赤名莉香是很難被取代的。當時覺得莉香的愛情觀好特別啊、人設好討喜好獨立啊，讓年輕的我十分嚮往。2020 的新版延續了這個人設，但或許是時空背景不一樣了，看完之後，我開始有一點心疼莉香這個女孩了。畢竟這十幾年來，我也算體會到更深層次的情感關係，看待獨立女性面對愛情的態度，也就有了與年輕時截然不同的感受。

有些女人被驅動去獨立的原因是想逃避某些自己不敢面對的東西，以及去當一位自己嚮往但實際上可能做不到的那種人。例如，在談戀愛的時候，她們會「特別獨立」，不黏人、不照三餐發訊息，對方有事臨時取消約會，沒關係，妳一樣可以安排很豐富的生活。給人一種很灑脫、很自由、很大女人的感覺。這也是很多兩性雞湯文強調的：做妳自己，愛妳自己。

但這真的是妳自己嗎？如果妳就是一談戀愛便很黏人、

喜歡照三餐發訊息給對方、臨時被取消約會就覺得很難過、希望男友不要跟前女友當朋友的那種人，妳敢不敢在對方面前暴露？敢不敢跟對方說：「是的，我談戀愛時就是那麼不成熟、不可愛，但這就是我，那你還愛我嗎？」

倘若妳一開始就為自己打造了獨立灑脫的人設，而對方因此還稱讚過妳，我想妳是絕對不會暴露自己這點不成熟不可愛的，因為妳害怕人設會崩塌，害怕自己稍微不獨立就不再吸引他。

2020年版的《東京愛情故事》最後一集，莉香對完治說：「真正的我呢，一定不是你想像的那種人，我很脆弱，又膽小，只會裝樣子。突然決定去紐約，也是害怕自己會越來越依賴你。我早就知道我的愛情會逼迫著你，那還不如讓自己能盡量在你心裡停留久一點。」

莉香終於說出真正的自己是什麼樣子，但那也已經是跟完治分手後了。她一直覺得別人會不喜歡她真正的樣子，卻從來沒有想過，也許是自己過度包裝的灑脫給了別人錯誤的期待。她甚至對自己都是恐懼的，她不接納自己的脆弱，害怕自己會過度依賴，害怕一個人，害怕孤獨。明明很在乎，卻因為擔心受傷，就故意表現疏離、冷淡，偽裝成熟、懂事，再沒有比這狀態更加孤獨的了，不是嗎？明明渴望有個人可以理解自己，卻因為偽裝讓對方反而看不清自己。內心甚至會不合邏輯去期待：為何沒有人願意撥開層層包裝，看看我的本質？

莉香恐怕自己也意識不到，當她用很多豐富的生活填滿自己，在外人眼中過得非常開心快樂，甚至認為她是個內心強大的獨立女性時，她多少也被自己的「演技」迷惑了。覺得「嗯，我這樣很好，拿得起，放得下」。但莉香的獨立，也許僅僅是一種「防禦」，這樣的防禦讓她失去了與他人建立親密關係的可能性。

有些男人夾在兩個女人之間時，為何往往會選擇那個示弱的女人，並對另一個人說：「因為妳比較堅強，而她比較需要我。」並非另一個女人真的很弱，而是她所卸下的防禦讓人感到真實，感到熟悉。親密關係中需要這種真實與熟悉，需要彼此在對方面前曝光弱點，達成接納。

太多文章要女人堅強，我雖不否定這些說法，但我也必須坦白說，如果妳想跟所愛的人建立更深的情感連結，適度的袒露脆弱是很重要的一環。這是人性，也是生活中很自然的一面，更重要的是，這麼做跟妳獨立不獨立一點衝突也沒有。

有些女人，在愛情面前是個鬥士，她們不會輕易被談崩的戀情擊倒，面對謊言、背叛會心痛，但也真認為這不是世界的全部，不會因此改變她們下一次對待愛情的信任，自我修復力強。但有些人，僅一次痛徹心扉就發誓不再相信任何人，獨立起來的目的是為了避免再次受傷，也同時豎起了防禦的高牆，認為只要不碰觸就不會有被拒絕、被背叛的可能，硬生生將自己活成了孤島一座。她們用鋒利的稜角讓人望而生畏，卻不是內心真正的本意。

回想起我跟某人當初交往時，一個重要的關鍵是：我們兩人很早就曝光了自己的弱點。這些弱點包含能力、性格、家庭背景……等等。我們創造了一個給對方去想「要不要跟這個人繼續交往下去的」彈性空間，允許彼此去做現實的考量。

也許真正的獨立大抵是這樣——主動去探索自己想要的，在得到它之前盡力去付出，並明白承擔的代價。而不是一開始就選擇了防備，落入了獨立的陷阱裡。

1 JUN

——1926年6月1日，好萊塢女星瑪麗蓮・夢露（Marilyn Monroe）出生於美國加州

Daria Dyk / Shutterstock.com

上世紀的好萊塢美女雲集，且型態幾乎不曾重複。夢露作為性感代表，幾乎無人能與之匹敵。小時候看到螢幕裡的她，才真正領悟到「活色生香」這個詞的意境。

夢露是個易碎的美人，不幸的童年以及演藝圈的複雜，讓她脆弱而敏感。她曾說：「我自私，沒有耐心，缺乏安全感，我還會常常做錯事，經常失控，但如果你不能應付我最差的一面，你也不值得得到我最好的一面。」

夢露憎惡人們把她當作一個性感符號來看待，卻至死都無法撕掉這個標籤。這個符號折射出的不僅是她個人，更是時代的紙醉金迷。雖然只活了三十六年便香消玉殞，她卻似乎從來不曾遠去。

JUN

2

—— 1953年6月2日，英國女王伊莉莎白二世加冕

Alexander Ryabintsev / Shutterstock.com

在《王冠》第一季裡，伊莉莎白二世的加冕典禮是重頭戲。世人只看到轉播中的皇家威儀，劇裡卻讓我們知道退位的國王溫莎公爵並無資格現場觀禮，他和民眾一樣只能在電視機前觀看。

加冕典禮對伊莉莎白二世而言無疑是一種對過去的告別，對未來的練習。忽然讓我覺得，儀式的神聖其實隱含力量，它讓人告別童真，開始學習成熟。

—— 1911年6月2日，女作家蕭紅出生於中國黑龍江省

蕭紅說：「我一生最大的痛苦和不幸，都是因為我是個女人。」僅活了三十一歲的她，帶著不甘的心情，病死他鄉。看電影《黃金時代》時，我經常感到酸澀與苦楚，明明是個才華洋溢的女性，為何不能善待自己？她的生命裡盡是殘酷的不討好的東西，她任憑它們折磨。

是不是對感情太過投入，性格又非常倔強的女人，註定活得千瘡百孔？

JUN

3

人生最寶貴的不就是在努力成就自己，做點事業之後，晚年還有幾個老友，有幾段老交情可以相慰平生嗎？

4

JUN

時間是講究的篩子，只保存精細的東西。
只要有存在意義的價值，
必定會在生活中留下，
或潛移默化，或影響當下。

JUN

5

——2018年6月5日，時尚設計師凱特．斯派德（Kate Spade）於紐約上東區家中自縊身亡，年僅55歲

從來沒有想過，一個幫女孩設計出夢想，產品形象如此活潑開朗的設計師，最終以非常絕望的方式選擇離開。

也許每個人都有關起門來之後，留給自己的悲傷吧。

安娜．溫圖曾說：「Kate改變了人們對手提包的固有觀念，她建立了自己獨特的審美，在九〇年代的紐約，走在任何一個街區裡都能發現拎著Kate Spade包包的女人。」

6

JUN

有結果的愛情，大多都是這麼回事：
是腦袋發燒平靜之後的清醒，
是感性與理性並進的過程。

JUN

7

女人身上因時間與經歷累積的層次感是很可貴的，相比老了還要硬凹出少女感，層次感更耐人尋味。

JUN

8

——世界海洋日

權勢名利於男人而言，要自己擁有才算數；而對女人來說，自己的男人擁有就如同自己也有一樣。真是莫名其妙。

JUN

9

——鐵路節

生活伴侶和靈魂伴侶很大概率上不會是同一個人，但我們經常貪心地希望是同一個人。

10 JUN

——1904年6月10日，
林徽因出生於中國浙江

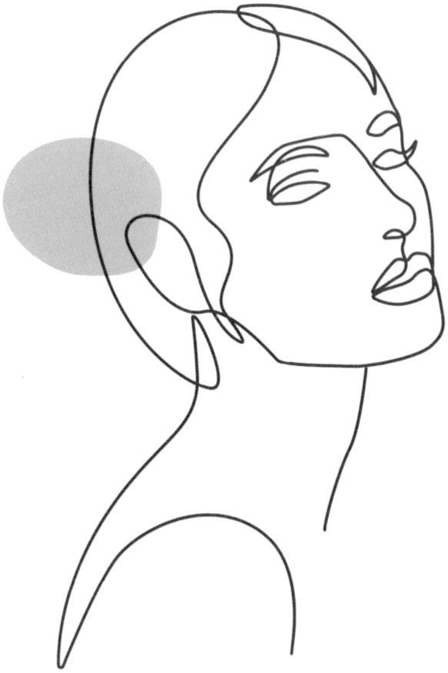

林徽因，光是這三個字，就很容易把人們的記憶拉回民國初期，關於愛情與詩集。不曾想，這位女詩人其實將自己的一生都奉獻給了中國古建築，在病得最嚴重的時候都不放棄。

反差萌，反差萌。林徽因給我最大的反差萌就是頂著民國第一美女的名號，做最最粗累的考古工作。她是愛，是暖，是希望，她是人間的四月天。

JUN

11

如果，你因為寂寞想一個人，
那不是真的愛上這個人。
在熱鬧時想一個人，
才是心裡有他。

12 JUN

——1929年6月12日，
《安妮日記》作者安妮·
法蘭克（Anne Frank）出
生於德國法蘭克福

《安妮日記》是十三歲的猶太女孩安妮·法蘭克以一個少女的口吻在日記中描寫了自己在戰爭中的經歷與成長的點點滴滴。這本日記出版後銷售超過三千萬冊，並被翻譯成六十七種語言，讓安妮成為全球公認的德國大屠殺受害者象徵。

二戰，應該是距離當今最近的一場磨難，雖然有人說2020年爆發的新冠肺炎堪比第三次世界大戰，但家破人亡所帶來的恐懼只有真正經歷過戰爭的人才懂。若你問我，《安妮日記》為大家帶來的只有戰爭的殘酷嗎？不是的，當然不是，我們看到安妮即使在磨難中依然有她的夢想與追求，她真心希望有一天能夠逃離這個壓抑的閣樓，朝著自己的希望大步大步狂奔而去。

戰爭摧毀不了的也許就是人們心中依然渴望美好未來的那種心情，它支撐安妮在窘迫的生活中堅持下去。即使，她後來死於戰爭勝利的前幾天。

13 JUN

摻雜利益的愛情，不是成年人的專利。我們從小就被教育要「挑」對象，這個動詞背後隱藏的深意，就是利益。諷刺的是，同時間我們手裡捧著的是一本童話。

JUN

14

像我們這種花心的人，喜歡同一種類型的男人才叫背叛。

15 JUN

——警察節

友情，也許是在不斷變動中深化的產物，而不僅僅是一起享樂的結果。共同面對變化，給予支持，也給予警醒，才更真切，才更不容易「走著走著就遺失了」。

JUN

16

——1963年6月16日，蘇聯少將范倫蒂娜・泰勒斯可娃（Valentina Tereshkova）成為人類史上第一位進入太空的女性太空人

儘管現在仍有些「這不是女人該做的」刻板印象，但也已經是有史以來，女性最自由的年代了。這自由的基礎，就是過去一位位打破傳統的女人爭取來的。正因為如此，我們才享受了一視同仁。

17 JUN

有些事情不需要太快想明白，太快明白一些樸素的道理對年輕人沒什麼好處。平平淡淡卻真真切切的生活是多少人的奢望，但太快給你，你也不見得會珍惜。

JUN

18

人是孤獨的，圓滿是企盼，
很多日子數起來，都是缺角的時候多。
就像月亮。

19 JUN

愛情不是破案，真相不會只有一個。比起追求真相，我更享受案發現場。因為就算揭露真相，也沒有人會幸福。

JUN

20

你一定聽過「精神生活比物質生活重要」這句話。但經驗卻告訴我，唯有當物質生活靠自己的能力滿足後，才能有更平和的心性，去享受一段純粹的關係，先謀生，再謀愛。

21 JUN

——國際瑜伽日

羨慕忌妒恨是女人心中一條幽暗的小徑，也是女人可愛的地方。對於同類，那怕再不欣賞，也會在「自己做不到，而她卻可以」的同時露出正面評價。

JUN

22

覺得生活太粗糙？也許是因為你沒有想辦法讓它變得精緻。聊了那麼多的儀式感，說的其實是自己賦予生活意義。

23 JUN

人生啊，怎麼走都很難不後悔。但若不走些彎路，就沒辦法心平氣和地繼續眼下的生活。

JUN

24

情感之所以可貴，也許是因為人無法真正做到無牽無掛。唯有感覺內心承受負擔了，才會記得情感的重量。

25 JUN

有些人，讓你看見另外一個有趣的世界；
而有些人，只會讓你放棄自己原本美好的世界。

JUN

26

自我肯定應該在更廣闊的邊界去探索，而不是在兩人關係裡。兩人世界裡該尋求的是理解與寬容，接納與支持。

27 JUN

——1949年6月27日，
婚紗女王Vera Wang出生

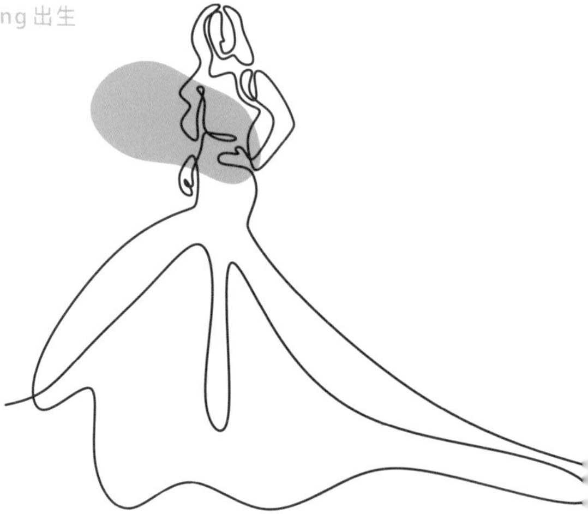

雖然近年的Vera Wang時不時就以不科學的少女體態霸佔網路熱搜，幾乎讓人忘記她的主業是一名婚紗設計師，但在成為設計師之前，她曾經是一名可與安娜．溫圖爭取《VOGUE》雜誌總編輯一職的時尚編輯，也曾是花樣滑冰選手。

她說自己最大的優點是能夠「重塑自我」，接受失敗，轉身投入下一個目標。但我更佩服她對目標的清醒與執著，緊咬著失敗的經驗，一次次接受挑戰。

JUN

28

獨立，是靠自己解決各種人生問題並帶來可靠資源的狀態；自信，是在獨立的過程中自然收獲的甜美果實。兩者都不會平白無故從天而降。

29 JUN

——1972年6月29日，珊曼莎．瑞德．史密斯出生，年幼的她在冷戰時期的美國和蘇聯間以和平活動者身分聞名

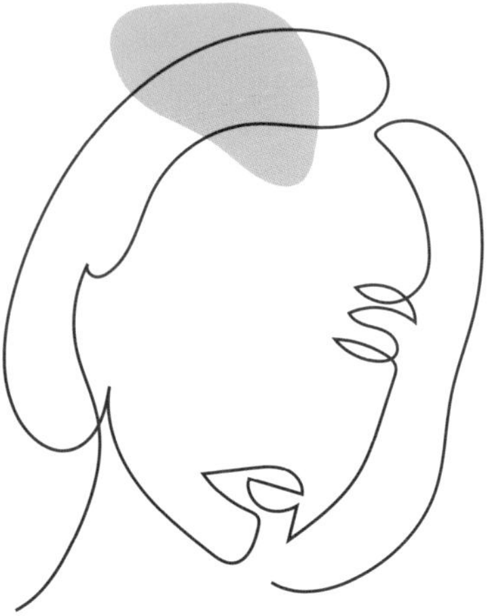

網紅，因網際網路而興起的新興職業。你以為這是現代產物，但某個人因某個行為而聲名大噪這件事，其實一直都存在，只是社群平台提供了一個更便捷的途徑罷了。

在美蘇冷戰期間，一位十歲的女孩寫了一封信給當時的蘇聯領導人尤里．安德羅波夫並獲得回應，安得羅波夫甚至邀請她和家人來蘇聯參觀。於是，接受邀請的珊曼莎成了冷戰期間一個緩和雙方的和平小天使，美蘇之間更因為這個小女孩的出現，讓兩國人民更了解雙方立場。

珊曼莎火了，回國後邀約不斷，並開始主持兒童節目以及演戲，卻在一次飛機意外中不幸罹難，只活了短短的十三年。

JUN

30

想成為什麼樣子，犯不著急迫，時間跟歷練自然會讓你長出一副全新的五官與表情。

像我這樣的女人，有時優雅，偶爾帶刺：365日絕世女子時光誌（1-6月）

作　　者—凱特王
主　　編—林巧涵
責任企劃—謝儀方
美術設計—吳佳璘
人物插畫— Debbie
內頁排版—楊雅屏

第五編輯部總監—梁芳春
董 事 長—趙政岷
出 版 者—時報文化出版企業股份有限公司
108019 台北市和平西路三段 240 號 7 樓
發行專線（02）2306-6842
讀者服務專線　0800-231-705、（02）2304-7103
讀者服務傳真（02）2304-6858
郵撥　1934-4724 時報文化出版公司
信箱　10899 臺北華江橋郵局第 99 信箱
時報悅讀網— http://www.readingtimes.com.tw
電子郵件信箱— books@readingtimes.com.tw
法律顧問—理律法律事務所　陳長文律師、李念祖律師
印　　刷—和楹印刷有限公司
初版一刷— 2021 年 12 月 3 日
初版二刷— 2021 年 12 月 7 日
定　　價—新台幣 850 元

ISBN 978-957-13-9643-9 ｜ Printed in Taiwan ｜ All right reserved.

時報文化出版公司成立於一九七五年，並於一九九九年股票上櫃公開發行，
於二〇〇八年脫離中時集團非屬旺中，以「尊重智慧與創意的文化事業」為信念。

像我這樣的女人，有時優雅，偶爾帶刺：365 日絕世女子時光誌 / 凱特王作 . -- 初版 . -- 臺北市
時報文化出版企業股份有限公司，2021.12　ISBN 978-957-13-9643-9(平裝)
1. 自我肯定 2. 女性　177.2　110018030